柳田國男先生随行記

今野圓輔

河出書房新社

はじめに

アメリカ軍の焼打ちで、家は丸焼けにされたが、わずかな疎開《そかい》荷物の中に「柳翁随行《りゅうおうずいこう》記《き》」と題したメモばかりは残っていた。

柳翁とは、俳号を柳叟《りゅうそう》と号した日本民俗学の創始者、故柳田國男（一八七五〜一九六二）で、私の先生の一人であった。その柳田先生が、昭和一六年に九州までの講演旅行にお出かけになった際、お供したときの記録がこの随行記である。

今から四一年も前のメモが、こうして日の目を見ることになったのには、それなりの因縁があった。先生がこの旅行をなさったのは、六七歳当時だったが、もう一人の折口信夫（一八八七〜一九五三）先生も、さらにもう一人の渋沢敬三（一八九六〜一九六三）先生も、ともに六七歳で旅立《たびだ》たれている（＊編集部注：正確には、柳田國男氏が旅行したのは満六六歳で、折口信夫氏が逝去されたのも満六六歳です。しかし著者が「はじめに」を書かれた一週間後に逝去されていることを鑑み、文章は原文ママとしました）。折口先生の愛弟子《まなでし》だった池田彌三郎氏も六七歳で折口先生のもとにいかれた。そして今、私もその六七歳になった。私がいたずらに馬齢《ばれい》を加えたことなどは、何の値打ちもない。ただの偶然だけれども、この六七歳という年齢の一致が、私にこの本の出版をうながすきっかけになったことだけは間違いない。今ふうに申せば、これは一七日間の密着取材旅行であった。柳田先生が、昭和三七年に八八年の生涯を終えられてから、ことしでもう二〇年になるけれども、こうした記録は、まだ誰からも発表されていない。米山俊直さんの「柳田国男の旅」(神島二郎・伊藤幹治編、日本放送出版協会『シンポジウム柳田國男』所収)＝河出書房新社・『文芸読本 柳田國男』同文＝などを読むと、このメモをもとにして、自分もそんなエッセイをまとめたいと思ったこともあったが、すでに身も心も老いて、そんな気力はもはや残っていない。ずっと若い頃の稚拙なメモを、そのまま活字にしてもらうには、勇気がいったが、人名に年号を入れたり、現代仮名づかい、当用漢字に改めてもらったなどのほかは、ほとんど加筆訂正せずそのままというのも、今になってみればそれなりの意義があろうかと思う。

最後に、判読・筆写を受けもってくれた馬淵清子さんにお礼を申さねばならない。

昭和五七年七月二五日

著　者

目次

柳翁随行後記

柳田國男先生随行記

木曽路から名古屋へ（第一日目）――昭和一六年一一月一三日――

七時半ごろ、柳田先生は一人で小田急電車から降りて来られた。和服に褐色《かっしょく》のラクダの襟巻《えりまき》、ソフトに白足袋《しろたび》、持ち物は皮のバッグ一つだけ。

汽車の中はスチームが通っているのでまず安心した。次第に客がたて混《こ》んでくる。

「ひとりで不愉快な思いをして取っているより席を譲ろう」

と、先生は窓際の方へお寄りになる。信州辰野《たつの》まで行くという褐色の背広を着た大きな男が、大カバンをさげて先生のそばに掛けた。で、腰を下ろすやいなや、大きな声で汽車の混雑することなど先生に話しかけてくる。先生はいかにもうれしそうに、にこにこして話し相手になっておられる。たえずあちこち眺めながら。旅の感激は老いてもなお変わらぬものらしい。私は、幼いころ経験した遠足に出かける朝の興奮が、再び身内に湧《わ》いてくるのをはっきり感じたことであった。サクラ（タバコ）を二箱さしあげる。まず一本おつけになって、

「君は何の新聞？」

と購《か》っておいた都《みやこ》新聞と東京日日《とうきようにちにち》新聞をおとりになる。

「私は朝日と読売を見てきたんだが」

先生は、腰掛けてもソフトを被《かぶ》ったままである。今日はどんよりと濃い曇り空である。隣りの線路に中央線の急行が止まり、また発《た》って行く。先生タバコ二本目。都新聞の第一面を読んでおられる。

「甲府の弁当は、とてもまずいからパンを食べよう。観光ホテルというのがあるのだが、名古屋では、そこへ泊まってみようか。お腹《なか》にはどうかわからんが。君は伊賀《いが》を通ったことはあるの？」

「いいえ」

「そうかい、少し時間はかかるが電車で伊賀を通ってみようじゃないか。僕はついぞ伊賀の秋を知らないんだ。あした奈良でゆっくり遊んで、奈良に泊まるわけにはいかないんだが、夕方までいるように……」

「はあ結構ですね」

「名古屋では報せて二、三人会ってもいいんだが、時間をとられるからだまっていよう。観光ホテルには、だまって行ってもよいと思うんだが、甲府あたりへ行ったら電報を打っておこうか」

かすかにブザーの音がきこえて汽車が動き出した。

「やっぱりきっちり一杯《いっぱい》だね。わずかに二つ、三つ空《す》いている」

と、先生席を立って眺めておられる。

この汽車は、新宿午前八時発松本行準急行で、塩尻《しおじり》午後一時半乗り替え、六時名古屋着である。三〇分後に出る汽車は、名古屋着が二時間も遅いのを考えると、旅なれた先生の正確で要領のよいプランをうかがうことができる。中野駅を過ぎて検札あり。

「これを灰皿にしよう」

とサクラの空殻を出して窓際に載せられる。西荻窪を通る。山本勝美君はもう学校へ出かけたことだろう。

昨夜はほとんど眠っていない。日米交渉難航で、学校は三カ月繰り上げ卒業にきまった。卒業論文作成が間に合いそうもない。来春三月卒業が来月大晦日卒業という気ぜわしさである。さもあればあれ、汽車は西へ動きだした。

「どうも五島《ごとう》は断念しなきゃいけないらしい。最近二度も船が沈没してね、それも夜ばかり船が出るらしいんだ。あちらには一昼夜きりいないのだし、私も、もう行けないだろうから、なんとかして行きたいと思っとったんだが。もっとも向こうでまた考えて、行けたら行きたいね。しかし昼でなければなんにもならないしね。なんでも前は百何十人とか全員死んで、ついこの間も佐世保から出た船で六十何人か死んでいるんだ。関（敬吾）君なども向こうなもんだから、非常に心配してね、「およしなさい、およしなさい」ってしきりに止めるんだ」

「はい、五島はやはりおやめになった方がよろしゅうございましょう、皆さん心配しておられましたし、もしものことがあったら私は切腹しなければなりませんから」

「うん、二度もそんなことがあると気味も悪いしね」

先生の隣席のくだんの男は、ポケット判の読切講談『水戸黄門』を読みふけっている。私は、なんということなく昨日の折口（信夫）先生の文学史の講義『赤本・青本・黄表紙・黒本・合巻』など思い出して、ちょっとの間ぼんやりしていた。二つめのあくびをかみ殺した。昨夜は寝ていないので睡気がして、うっかりできない。三鷹駅近くで線路工事をしているため徐行になる。先生は眼鏡をあげて窓外を眺めながら、

「山茶花《さざんか》が咲いている。どうも白いのは赤いのより遅いようだね。私んとこの赤いのはとうに散ってしまったが」

国分寺駅を通り過ぎてすぐ窪地《くぼち》が左手に見える。

「これが〈恋《こい》が窪《くぼ》〉で、ここから湧いた水が、私の家の下を通って六郷用水になるのだ。

この上に丘があって、それを越えると、川は向こうへ流れる。昔は、この水路を通って交通したのだった。さもなければ、こんな所に〈府中〉や〈国分寺〉があるわけはないんだから。今は小さい沼のようなのが三つだかあって、ブクブク水が湧いているが、昔はもっと大きかったし、水もたくさん出たのだろうね。この線路の下の水は多いとみえてパイプで通しているよ。私は、この水源をつきとめるまで三年もかかったものだ。少し歩いては戻って、またきいきいしたのだ」――『水曜手帳』――

立川を過ぎ、ようやく稲刈《か》る人々の姿が見えてきた。先生は風呂敷の小さな包みを開いて中から資料カードを出して、しきりに書きこんでおられる。何かおまとめになるのでもあろうか、半分以上は書き込んだカードである。旅行用にこのカード（朝日新聞社用紙同大）を入れ、台にして書けるようなケースをちゃんと持参してこられている。三分ぐらいでしまって、岩波文庫本『日本切支丹宗門史』を初めから読み始める。

「次は八王子でございます」

と車掌が通って行った。八王子にとまる。ホームを女工風の娘が八人揃って歩いて行く。

「工場の娘だね。このごろは、服装がすっかり昔と違ってしまって、ちっともわからなくなってしまった。普通の娘と同じだものね」

「やはり製糸工場ですよ」

「いろいろたくさんあるからね」

先生大きなアクビ一つ。トンネルを過ぎて先生タバコをつける。サクラの空殻に灰を落とそうとして殻を膝へ落としたので灰が飛ぶ。

「あっ、やっちゃった」

汽車は相当の速さで走っている。

「これが昔の甲州街道なのだね、昔ったって御維新までだが、随分狭いもんだね。これが〝上野の宿〟だ」

長いトンネルにかかり、出るとまた街道が線路に沿って走っている。巾は三尺くらいの狭い道だ。

「この向こうの山――甲府に向かって左手――の麓に会（民間伝承の会）の大変熱心な鈴木（重光）君ね、「相州内郷村誌」を書いた、あの人の家があるんだ。近く、この辺り一帯は大きなダムになってしまうのだが、ちょうどそのダムになる土地を彼が持っているんでね、私は子供を連れて来たことがあったが、そのころは狭い道でね、危いくらいだった。今はもう大きな道になっている。これから甲州の上野原の向こうまで二里近くも水の下になってしまうんだ。半分は川崎の水道に、あとは工業都市を造ったんで、その方へまわすらしい。この辺り一帯は将来とても景色のいい線路になって、この鉄道に乗るのが楽しみになるだろうね。この線路の下にドライブウェーができるだろう。その鈴木君の所へ行ったときは、本陣といって大きな家があってね。それがもう古くてボロボロなんだ、家のプランを三日も通ってとった。鈴木君はとうとうそれで病気になったりしてね。もうその家はもたなくなって解体してしまったが。ずっと昔の甲州街道は、今の上野原の町のもう一つ向こうを通っていたのではないかと思うね。この谷を使わずに。私は昔、ずっと若いころだが、上野原まで行ってね、あそこで草鞋《わらじ》・足袋など買って、皮靴を東京へ送り返してしまい、あれからぐるっと歩いて八王子の奥へ出たことがある。このダムができたら、だいぶ魚が獲れるだろうというのだが、魚釣りでにぎわうだろう。家へ来る女の人たちも、今のうち一度来てみるとよいのだが、何もない所だが、もう無くなってしまうからね。あっ、あれがサルハシだ、ほら」

猿橋駅の手前に高い橋が見える。

「なんであんなものを作ったのか。ここは、あそこだけ谷が深いが、ちょっと向こうへ行くと歩いても渡れるのに。この町はどうしてこんなに大きくなったのか、昔、私らの来た時分には、昔たって、まだほんの一四、五年くらい前だが、この辺はちっとも人家がなかったのにこんなに続いてしまったんだね」

「発電所や工場ができたからじゃありませんか」

「そうかもしれないが、ほかに何かわけがあるんだね。妙な橋をわざわざ作ったもんだ」

相模川の清流をはさんだ誠に景色のいい町である。大月の駅を過ぎる。山にかかって窓外の風景は変化に富み目を楽しませてくれる。私は折口（信夫）先生との〈万葉旅行〉の話などおきかせすると、先ごろの〈東北民謡試聴会〉のとき、折口先生は大きなコーモリがさを持って歩いているのに、たった一日きり雨が降らないので、皆で気の毒がった話など、きげんよく話してくださる。

「この先に、白野という村があってね、白野という琉球の研究家がいるだろう、あれは今泉というのだが、ここから出たから白野なんていっているのだ。今は秋の色の一番はっきり現われる時でね、木曽の秋はどんなだか興味を持っているのだ。福島がちょうど一時半ごろだろう」

スチームが強すぎて暑くなったので、手洗所に行ってチョッキを脱いでくる。先生タバコ。笹子《ささご》を過ぎた。

「リンゴでもむきましょうか」

「いや、いいよ、甲府へ行ったら食べよう。私はね、好きというより、リンゴについてはなかなかむつかしいんだよ。ずっと遅れてから採ったやつの方がうまいね。このごろは、信州でもおいしいリンゴができるようになってね、名古屋で買えるだろうと思うが」

リンゴは市中にまったく姿を現わさず、私の持ってきたのは、知人が苦心して駒形《こまがた》の方から求めてきてくれたものだった。

――　塩山を通る　――

「ここを通ると、いつもあの山の向こうには何があるんだろうと思って、行ってみたくなるんだがね。あの丘だけ、この盆地に出っぱっているんだね、こんど一度ぜひ行ってみよう」

塩山《えんざん》をとり囲む山々は霞《かすみ》がかかっている。田の中でワラ屑《くず》などを焼く白い煙の行方《ゆくえ》は消えるともなくうすれて空にとけこみ、晩秋の風一つない甲州風景を見せている。

「一一月のごく初めごろだと、ブドーの紅葉がとても美しくて、それにまだ残っているし、ちょうど明治節《めいじせつ》だもんだから、それをあてこんでとらないでおくんだね。もうこんなに散ってしまってだめだが」

先生タバコをつける。名古屋観光ホテルあてに――コンヤフタリユクタノム　ヤナキタクニオ――と電報を打つ。甲府駅についた。ブドーをさがしたが駅売りはしないのか見当たらない。先生は、今まで景色を眺めあるいは岩波文庫を読んでおられたが、甲府を過ぎてタバコに火をつけられ、

「じゃ、リンゴでも食うか」

とおっしゃるので、むいてさしあげる。再び文庫を読み出し、しばらくたつと後ろによりかかって目をつぶり約三五分。トンネルの激しい臭気に目をさまされ、また『日本切支丹宗門史』を読み出された。日野春《ひのはる》を過ぎ、右に雪の鳳凰山、左に金峰山、八ケ岳が見える。あの辺を武田信玄がいつも通ったのだと、この辺一帯の歴史地理の詳しい説明をうかがった。汽車は小淵沢《こぶちざわ》を過ぎて走る。

「この鉄道が軽井沢へ行くんだね。八ケ岳のだいぶ高い所を通って行くらしい」

やがてまたトンネルにかかる。

「このトンネルか、この次のかが、信州と甲州の国境になっているんだよ」

上諏訪《かみすわ》の手前で、持参の食パンにマーマレードをいっぱいつけて先生と半ぎん食べた。先生が、甘いマーマレードのついたパンを持ってどこかへ立たれたので、見ていると、五つばかり後ろの席にいる男の子にやっている。そして席についてからまでにこにこしておられた。上諏訪駅でお茶を買って飲む。先生タバコ。〃あの道を通ってこっちへ回り云々〃というふうに、この土地の〃春の宮〃〃御柱《おんばしら》〃などについての地理を詳しく説明していただいた。和田・塩尻峠も指《ゆび》さして教えていただく。

「諏訪湖の水面は、昔はずっと高かったらしく、今の道の上の山の中腹に道があり、その上の山の方にまた道が通じていて、人家が建っているから見てごらん」

岡谷《おかや》駅につく。駅を過ぎるとすぐ川がある。

「これがやがて天竜川になるのだ。ここで見るとたわいないが、護岸工事をしたためにこんなに流れがゆるやかなので、だんだん大きくなっていく。水は諏訪から出ている。この少し先までえらい分水工事をやって、この三里ばかり先へ灌漑して水田にかけているんだよ」

先生サクラをつける。やがてお話の分水工事のコンクリート堀がしばらく続いて意外な風景を見せている。

「ここが有賀《ありが》喜左衛門君らの村だよ。朝日村平出《ひらいで》というのだ。鳥が飛んでいるよ、君。簗《やな》が作ってあるよ、ほらあそこに」

辰野駅につく。午後一時二〇分である。先生はソフトを少しアミダに被った恰好で、威勢よくお茶を飲む。

「ミカンがたくさんきているぜ、あんなに食ってもいいのかね」

少し時期が遅れたが、紅葉が松の緑にまじって遠くから見ると新鮮な美しい景色である。

「先生、きれいですね、ほらあそこら。中央線を回ってよかったですね」

「もう水気はすっかり無くなったがね。このね、おもしろいんだよ。この少し先にお宮が見えるんだが、それが郡境なんだ。一部落だけこっちへ来ていて、両方の氏神でありながら祭りは別々にしている。非常に仲が悪くてね、こっちへ来ている分だけ合併すればよいのにしないんだね」

「次は塩尻でございます」と車掌が通って行く。汽車はもうこんでいない。

「あれが小野《おの》神社だ。小野駅だろう。今は県社だが、国幣社にしてもよい有名な神社なんだよ。このずっと上の方が塩尻峠で、その下が塩尻町さ。吉井孤雁《こがん》君の郷里だ」

乗り換えの用意ができて、また座る。

霞と靄と霧と

「先生、さっき甲府で遠くの山が霞《かす》んでいましたね。ああいうのは〝霞《かすみ》〟というのですか、〝靄《もや》〟ですか、それとも〝霧《きり》〟ですか？」

「霞は春にいうので、秋から冬にかけてはすべて霧というね、昔から。靄というのは古くは出ていないから、近いころのことばじゃないかな」

「でも、あんな風に山の中腹にうっすらと棚引《たなび》いているのを霧とは変ですね。どうしてもおかしいですよ」

「それは今野君がおかしくて変に思うだけで、みんなは変でもなんでもないんだよ」

「そうですかなあ」

先生は、さもおかしそうに笑っている。先生がおっしゃるのだから、たしかには違いないが、どうしても腑におちないが靄のように取りつく術もないのであきらめる。先生はゆうゆうとタバコを吸っておられる。塩尻駅に下りた。荷物をどうしても赤帽《あかぼう》に頼めといわれるので、やむなく恐縮しながら持たせた。先生は心持ちからだをそらせて、すっすっとホームを歩いて行かれる。袴の裾、純白の足袋に草履、下半身の後ろ姿はどこの高貴の御方かと思われるのに、褐色の無粋な首巻きをのぞかせ、古びたよれよれのソフトを阿弥陀《あみだ》に被り、トンビを着ている。上半身だけでは、どこの田舎爺かといいたいようでその調和は妙というほかない。先生のお顔は、正面からみると万人に秀でた誠に立派なものだが、後ろ姿はまったく田舎爺である。先生が民俗学に入られる前の、地位高い官界生活と、その後わらじをはいて常民の間に入られた生活に思いいたれば、まことにどうも深い感慨にひたらずにはいられない。

「この辺は、昔、桔梗《ききよう》が原といった所で、いつの間に開けたのか、すっかり開けてしまったんだね。あれはトウモロコシかしら、高粱《コーリヤン》かしら。この次が洗馬《せば》という駅だが、菅江《すがえ》真澄《ますみ》（一七五四〜一八二九）が長いこといたお寺があってね。百年祭は昭和三年だが、昭和七年だったかに、その記念講演会がお寺であって、寺へ泊まってくれというのを松本に泊まってね、三日間自動車でそこまで通ったことがあった。やはり自慢なので地元の青年がやってたんだろうが、松本から五里もあったか、道がちょうど三通りあってね、毎日違う道を通って見たから、この辺はよく知っているんだ。この町は二、三年前に、ひどい火事があって焼けたはずだが、そんな様子も見えないね」

もっと詳しい話だったが、乗り換えて名古屋行の汽車を待つあいだ、プラットホームでの聞いた話であった。乗車して先生タバコをつけ、岩波文庫をとりあげる。先生と向き合って掛けているのだが、ちょっと気をゆるすとトロトロと眠くなってくる。木曽平沢《きそひらさわ》という駅を過ぎる。二、三分居眠ったらしく、はっと目をさます。

「これからずっと下りですか、名古屋まで」

「そうでもないよ。鳥居峠《とりい》というのがある。それは相当な峠だよ。それからそろそろ下りになっているかもしれないよ」

木曽平沢の宿は、時雨《しぐれ》が過ぎた後でトタン屋根が漆黒に濡れている。塩尻からは準急でなくなったので頻繁に汽車のとまるのが気になる。鳥居峠にかかった。先生は『切支丹宗門史』を手にもったまま、後ろに寄りかかって居眠っている。新宿から塩尻までは先生が汽車の進む方向に向かって座り、私はそれに対していたが、乗り換えてからは、先生も後ろ向きになり、私はそのそばに並んでかけた。

御供のむつかしさ

佐藤信彦《さとうのぶひこ》先生によれば「柳田先生は千年に一人出るか出ないかくらいの世界の碩学《せきがく》である」という。柳田先生のお供をして、一週間も一〇日間も一緒に起居できるなどとは、東北の草深い百姓の小倅《こせがれ》の夢想《むそう》だにできぬことであった。私は旅行を前にして、この奥沢の師匠こと佐藤先生の門を叩き、

「どうしたら最もよいお供の役が勤まりますか」

と教えを乞うた。

「とにかく邪魔にならぬことだ。旅行から戻られてから――今野という男は変な奴だ、ちっとも姿を見せないでいるが、なにか話をしようと思うとちゃんと出て来る。連れて歩いていてもいるのかいないのか張り合いのない男だよ――と批評されたらサービスは満点と

いえる。いいつけられた事以外は、いっさいしないことだ。君のあさはかな思慮分別でちよこまかしないことが一番大切だよ。「一時間そこらを歩いてこい」といわれたら、何の用もなく、また行く所がないときでも、とにかく町なり、山なりを歩いてくればいいのだ。「リンゴを五つ買ってこい」といいつけられたら、五つだけ買ってくればよいので、ちょうどおいしそうな柿がありましたから買ってきましたといえば、先生は君に気の毒だと思って、食いたくもない柿も召しあがるだろう。表面だけでも馬鹿になることだ。ぼうっとしていればよい。君はじつにこまかく気のつく男なのだ。ぼくなど君と旅行して、随分飲みたくもないお茶を飲まされたもんだ。成り上がりのお大尽でもあれば、君のお供ぶりは満点すぎるぐらいだろうが、先生には、それは絶対いけないよ。君のついていることが、ちょっとでも先生の気になったら、もう君は落第なのだ。君は単なるカバン持ちであることをくれぐれも忘れてはならない……」

私はこのことばを肝に銘じて出かけてきたが、柳田先生は、肝心のカバンすら私には持たせない。沿線の地理を説き、歴史を教えてくださるだけでなく、旅程まで私のために変えてくださるのだった。これは今野という男のためにではなく、先生の学問の万分の一でもきかじった一後進を少しでも、のばそうとなさる深い御志の一端であることは承知していても、身にあまる知遇に感激せずにはいられない。

汽車は鳥居峠を越してようやく早くなってきた。先生、目をさまして、

「もう鳥居峠を越したのかな」

と、本を読みはじめる。駅々で汽車がとまっても人声一つ聞こえない。とまるたびに機関車の蒸気の音が高く聞こえてくる。乗客の多くは眠っている。藪原《やぶはら》を過ぎる。

「これが木曽街道だったのだからね」

と、おっしゃるので、のぞいてみると、なるほど線路に沿ったせまい道である。

「私がはじめて来たときは、鳥居峠の向こうまで汽車が来ていてね、あとは建設列車に藪原まで乗せてもらい、それから歩いたもんだ。明治四四年かな、そのときのことは『秋風帖』にのっている」

宮《みや》ノ越《こし》を過ぎる。

「この辺の石屋根に乗せてある石はみな小さいですね」

「君らのほうはひらべったいの?」

「ええ、もっと大きいですよ」

「まるいの?」

「特に丸いということもありませんが、もっとごつくて大きいです」

「諏訪のは気づかなかったかね。スレートのようにひらべったくて大きいんだよ。どうも

残念だったね、天気が悪くて」

「いやとてもいいですよ、木曽路はいいですね、歩いてみたくなりますね。藤村《とうそん》の『夜明け前』を想い出します」

「あの辺が駒ケ岳《こまたけ》の見当だね、ちょうど宮ノ越から真正面に見えるんだから。私が最初にここへ来たときには福島には橋が一本きりなかった。それが今見ると一〇本もできていたよ」

成城のお庭でできたという先生の柿をむいて食べる。

「これは鳥がつついたやつだから僕が食おう。君も一つとりたまえ」

食パンも食べる。これでやっと邪魔なマーマレードを一瓶あけてしまってほっとした。食パンはまだ二きん残っている。

「先生、もうあがらないのですか、まだたくさんございますよ」

「これは君、とても征伐しつくせないね。明日、奈良へ行くとき、また食べられたら食べよう」

須原《すはら》の町は、じつに整然と整って閑寂《かんじゃく》そのものだった。ちょつと見ても、おやっ！　と思うぐらい人影もなく、煙一つのぼっていない。先生も気がつかれて、

「どうしてだろうね。人がだれもいないせいもあるんだね」

と、おっしゃったぐらい静かな、寂《せき》として声なしといった町の屋並みがある。

「この次の三留野《みどの》からむこうへ入ると、妻籠《つまご》だ。馬籠《まごめ》のほうへ出るんだから、もとはあっちから今の街道へ出たんだね」

先生は歌を低く吟じていらっしゃるらしく、ときどき聞こえてくる。席があいたので先生と向かい合ってかけた。木曽川の川面に、細い雨足《あまあし》がしきりに見られる。雨が静かに降っているらしい。この辺の谷の水面に近い所や窪地になっているところは、今ちょうど紅葉の盛りで、真紅の色が美しい。碧緑に澄みきった木曽川の水、白砂、川原の礫、真緑の松の色に黄葉・紅葉、しきられた一つ一つの窓が、そのまま天然の絵である。

「もう遅くてだめだと思っていたのに、これだけもうかったね」

「紅葉というのは、土地とか気候とかで、きれいになる所とならない所とあるのですね。私の郷里などは、秋の初めにちょっとするだけで、こうした見事な紅葉はみられません。まあ平地でもあるからですけれど、かえって旧正月の稲穂《いなぼ》の木を山へ伐りに行くと、ダンゴの木（ヤマミズキ）などの新芽の若葉が、見とれるほど鮮やかな真紅な色で美しいですね」

「君の方には、こんな竹があって？」

「はあ、たくさんございます」

「どの辺まで行っているのかな、竹は北に行くにしたがって少なくなるんだね」
「そうですか、私は竹なんてものは、どこにでもあるものと思っていました」
先生タバコ。午後三時半、三留野を過ぎ、鉄橋を渡ると川は反対側にまわり、檜・松・杉などあくまで緑濃く、紅葉また美しく色映え、またとない眺めである。深い深い山峡を白い霧が流れて行く。木曽街道が白く、川に沿って走っている。じれったいほど山が深く谷あいがつづく。

坂下につく。眼鏡の玉を落としたのを拾って、先生はまた『宗門史』を読み始める。もうこの辺は紅葉もすぎてしまったらしい。落合川で汽車が長いこと止まっていると、松本行がすれちがって行った。セーラー服にモンペをはいた女の子達がカラカサをさしてホームを歩いて行く。静かだ。四時すぎ中津川を過ぎる。暮色ようやく濃くなる。夕霧の中に遠く灯一つ見える。

先生は、だいぶお疲れの様子で、あまりにこにこなさらなくなった。甲府あたりまでは、停車ごとに、出迎えの人と下りる人との挨拶や乗客の話声に耳をかたむけては、いつもにこにこしておられ、いかにも旅に出たことが嬉しくてたまらないというふうであったが、眼鏡をはずし、目を半眼にとじたままタバコを吸っておられる。そうかとおもうと、例のむずかしいお顔になり、腕組みして、じっと窓外をにらんでいる。二等車の客は数えるほどしかいなくなった。話好きな人も汽車に疲れ、親しい者同志が何か静かに話し合っている。メモノートに指の影がうつる。さっきから電灯がついていたのである。時計を見ていると、

「今、四時ぐらい？」

「はい二〇分過ぎです」

「お天気さえよければまだ明るいんだが、もう本を読めなくなっちゃった」

汽車は平地をひた走って行く。四時半、先生居眠る。美濃《みの》の国に入ってすでに三つ四つの駅を過ぎた。五時すぎタバコをつけながら、

「昔の中仙道はこの線路よりずっと山よりの、山のすぐ近くを通っていたらしい」

「次は多治見《たじみ》でございます」と車掌ふれて行く。もう一時間ちょっとで名古屋につくのである。すっかり真っ暗になり、話の種もつきたかたちである。汽車は、一つ一つの駅にゆっくり止まって行く。駅に止まると、雨の音が急に耳を打つ。子供の声だけが高く聞こえる。こんな調子なので遠く九州まで行く旅とは思えないが、目的地へ直行する癖のある私にとっては、いい修業になろう。先生タバコ。鳥居松《とりいまつ》駅でちょうど六時。先生は、さっきから車中の子供の動きまわるのをにこにこしながら見ておられ、再び『宗門史』。すっかり夜になって名古屋につく。冷たい雨が降っている。

観光ホテルのボーイに案内され、車でホテルへ。三一五番の部屋にベッドが一つ。バス・便所がついている。一階で夕食をとり、自宅の田波（忠次）君に、明日の宿を速達で報らす。この旅行のただ一つの心配は、旅行中に召集が来るかもしれない。そんなときは即日塚崎（進）君に代わってもらう約束にはなっているが。塚崎君にも手紙を出し、木曜会の記録を清書して関敬吾さん宛に送った。九時すぎ、先生、お風呂に入る。部屋にスチームが通っていないので足が冷える。明日は伊賀を通って桜井から奈良、さらに京都へ行くのだ。じゃんじゃん湯の出る西洋風呂にゆうゆう足を伸ばす。宗匠頭巾《そうしようずきん》を被り、黒いエボナイトの玉が二つついたグリグリあんま器をベッドにいれて先生はベッドに入り、本を読んでいなさる。私は恐縮しながら次のベッドにそっと横になった。このホテルは監獄のような建物である。食堂も玄関も家屋という感じでなく、きれいな大きい米倉《こめぐら》のような気がする。食事は材料不足ながらおいしかった。寒い雨が降っているのに冷蔵の野菜サラダ、氷水、アイスクリームなどの夕食にはいささか辟易《へきえき》した。柔らかいスプリングのベッドに一〇時半ごろから朝六時までぐっすり眠った。明け方から何か長い夢を見た。懐炉は足のほうにすっかり冷たくなっていた。六時に一度起き、またベッドにもぐりこんで七時一〇分前起床。七時半朝食。

奈良を経て京都へ（第二日目）——昭和一六年一一月一四日——

今日は暖かい良い天気である。気分爽快。ホテルから車を駆って関急名古屋駅へ。「折口（信夫）君が、駅から見えますというから、すぐ前かと思っていたら、ホテルからは、だいぶあるね」

八時半、電車に乗る。昨日から感心もし、限りなく心強く思っていたのであったが、先生の歩き方は、じつにしっかりしていて、老人らしい感じは微塵《みじん》もない。老人扱いされるのは迷惑至極なことであろう。丈夫な人なら、六七歳でもこれくらいが普通なのかとも考えられる。私の祖母は七七歳だが、まだ歩いて二里近い中村の町まで往復している。なににしても、先生がお丈夫なことはありがたいことだ。今日も、ご自分のボストンバッグを軽々と手に持たれて、さっさと私の前を歩いて行かれる。食パンとリンゴの小さい風呂敷包みと、私のカバン一つきり持ち物のない私には、先生のバッグ一つさげることはなんでもないのだが、どうしても持たせない。駅につくと私のカバンまで赤帽に持たせてしまう。私は先生の言いつけどおり空手《からて》同様の身軽さで、お供をするきり仕方がなかった。さもないと、いいお供ではないわけになる。ご自分では「弱くなった、弱くなった」とおっしゃりながら、どうして壮者をしのぐ勢いである。

日米の風雲《ふううん》は、いよいよ急になってきた。このぶんでは、どうでも一戦がなくては済むまい。必然の運命である。日米交戦論が喧伝《けんでん》されだしたのは、私のまだ中学へもはいらぬころからだったが、こんどこそは、その秋がきたのではあるまいか。朝刊を読みながら、私はちょっとのあいだ、血なまくさい幻想にふけっていたことだった。さもあればあれ、私達は快晴の伊勢路《いせじ》を関急でひた走って行く。所どころ刈り始めてはいるが、稲田《いなだ》はほとんど手がつけられていない。

「僕は能代《のしろ》のほうへ行ったとき、九月の末だったが、もう稲刈りを終わっていた。大変な違いだね」

今日は『切支丹宗門史』に代わってイギリスの『Folklore Society』(1936)を読んでおられる。長島という駅を過ぎた。

「城のあった町は、もっと北になるかな、大きな戦さがあったじゃないか。この辺は湿地帯でね、灌漑《かんがい》よりは排水《はいすい》に苦心しているんだ。大きな水利組合があってね。今の大きな川は木曽川ではないかな。木曽川は長良《ながら》川と揖斐《いび》川と三つ集まるので、洪水のときなど、一つの水が引いても別なほうから出たりして、上流のほうはいつもやられていたのを、三つに分けてから大変よくなったんだね」

桑名《くわな》に停車。

「ここまで電車が来ていて、ここから名古屋までは長いあいだ通じなかった。やっぱりあの大きな橋があったからだろう」

今日は新暦では、一一月一四日だが、旧暦では九月の二五日。窓外の景色はまさに稔《みの》りの秋である。

「ここは三重郡だが、あの山はずっと関ケ原《せきがはら》までつづいている。ここからあの山を越えて近江《おうみ》へ行く道が三つある。〈ハップ越え〉とか〈チブサ越え〉とかいってね。この辺に、日本武尊《やまとたけるのみこと》の能褒野《のぼの》があるのだが、どこへ行かれるつもりだったのかね、あれは景行《けいこう》天皇様のときで、今の丹波市《たんばし》に都《みやこ》しておられたのだから、多分今日通るこの路を通ってこられたのじゃないかと思う。これから通るから気をつけているとよい。あの多賀《たが》神社もあることだし。市川《いちかわ》ね、あの谷はずっと低く遠くまで続いている。今ではうすくなっているが、昔は多賀と、この伊勢のほうと、もっともっと交通が頻繁《ひんぱん》だったのではないかね。多賀神社も伊弉諾《いざなぎ》・伊弉冉《いざなみ》を祀っているのだしね」

四日市を過ぎる。お詣りの善男善女がたくさん乗り込んで来た。菅笠《すげがさ》に水彩画の描いたのを被っているのを見て、先生、おかしそうに笑う。

「湯の山、菰野《こもの》温泉というのがあって、なかなか繁昌している。ずっと昔、湯の山に行ったことがあったがね、あそこは一度すっかり駄目になってしまったんだ。ご維新前は繁昌してたんだが、すっかり出なくなってしまってね。それが再び繁昌するようになりかけたときに行ったんだが、二階で、こうして寝ていて桜が見え、あの山が眺められてね、ちょうど花の盛りだったが、じつによかったね。そのころは、まだ水がまざっていてぬるかったが、このごろは電気で大分深い所から掘っていて熱いそうだよ」

塩浜《しおはま》を過ぎる。晴れた晩秋の空に、鳥がしきりに飛んでいる。鳥の歌ばかり作っている吉沢君を思い出した。

伊勢《いせ》若松《わかまつ》、白子《しろこ》を過ぎる。

「芭蕉の句に、

雁ゆくかたや白子若松

というのがある。前の句は、

秋風の船をこはかる波の音　　曲水

後が、

千部読花の盛りの一身田　　珍碩

——『ひさご』花見——

と、いうんだ」

飛行機が、ちょうどいいぐらいの高さで静かに飛んでいる。この辺は今、稲刈りの真っ盛りである。

「昨日の木曽の景色とはすっかり違っていますね、家の造りもなにもかも」

「ええ、そうだね、こんなに稲の稔っているのを眺めるのはいい気持ちなもんだね、ことに米不足の折だから。四、五年前の春にここを通ったときは、菜の花の盛りでね。一面菜の花できれいだったよ。どういうのかね、田に作ったんでは、苗を植える時期に重なるようだが」

「多少融通して田植えを遅らせたりはするでしょうが、重ならないようにやっているのでしょう。先生、芭蕉はどう歩いたんですか」

「いや、このすぐ向こうが海だから、海からの景色なんだろう」

褐色の鳶《とび》に似た鳥が、鳥のように、田の面《も》低く飛び交っている。さっき鳥と思ったのは、これかもしれない。

「トンビですか、あれは」

「鳶だろう。小鳥が少ないね。白鷺《しらさぎ》があんなに降りている、一〇もいる。東京のは大きいやつだが、ここのは小鷺というやつだ」

「この辺の屋根はみな瓦葺《かわらぶき》で、トタンは少ないのですね」

「うん、頼もしいね。今度の旅行で気がついたんだが、このごろの瓦は、随分薄くなっているね。焼き方がじょうずになったんだろうね」

「木曽ですか」

「諏訪かどっかの停車場に沢山置いてあったろう、見なかったか」

「そうでしたか、いっこう気がつきませんで」

「君は人造スレートっての知ってる？」

「いいえ」

「この前の世界大戦のとき、私の弟（松岡静雄大佐）がチェッコスロバキアかで、それを見て、ぜひ日本に売ってくれというわけで、日本で個人でやっていたのを、今は浅野セメントで買いとって作っているよ。辻堂の停車場があるだろう、あの屋根がそうだよ」

江戸橋（近鉄名古屋線）につく。

「さっき見えた大きな屋根が二つあるのが、高田藩の作った維新殿《いしんでん》だよ、高田本山《たかだほんざん》と書いてあったね」

久居（三重県一志郡）につく。

「ここが私の娘聟の堀一郎の郷里だ」

先生は四人のお嬢さんとご長男で五人の親である。堀さんには糖業会館で紹介していただいたことがあった。伊勢中川で乗り換えるのを知らずにいて、先生と私は切り換え線への引込線に遠くまで連れて行かれてしまった。自動開閉のドアが閉まっているからどうにもならない。気の毒だったのは、私達がゆうゆうと下りないで掛けているので、安心して乗っていた大阪行の客が一人、巻き添えをくったことだった。ここで乗り換えるとは知らなかった。そのうち、向こうのホームに大阪行の急行が入って来た。ドアを閉めたまま、車掌も掃除している駅員も、我々が立って騒いでいるのに一瞥《いちべつ》もくれない。先生が気を揉《も》んで、

「なんとかならないかね、君！」

と、しきりにおっしゃっているが、返事もしないのである。これがこの辺の気風なのか

もしれないと、私はなすすべもなく先生の後ろに恐縮して立っていた。が、やがて時間がきたのか、ホームに回送してドアをあけてくれた。やっと大阪行急行に駆け乗ることができた。時計は午前一〇時二〇分。旅行第二日目の赤ケットであった。

山に入る。楢・櫟などの落葉樹の葉が、ようやく黄色になりかけたばかりで、まだつやつや光っている。櫨《はぜ》の葉は鮮やかに紅葉している。伊賀路に入ったのである。この辺の山で漆が一番美しく紅葉している。稲刈りもまったく済み、稲におが見事に並ぶ。白壁が多くなってきた。青空が見えなくなって、曇ってくるといっそう窓外の景色がよく見えるようだ。線路に沿って長谷《はせ》街道の白く狭いのがつづいている。

「これが、伊勢から長谷へ行く街道だ。青木峠というのがあって、そこには伊勢の茶屋、長谷の茶屋の二軒が上にあり、梅の木などたくさんあってね。一四、五年前にここを歩いたときは、もう茶屋は二軒ともなくなっていた」　――『秋風帖』参照――

この辺はもう紅葉がすぎたのか、あまり美しくない。

「木曽の檜や松などの常緑樹があんなに鮮やかに見えたのは、あんな天気で、どんより曇っていたせいではなかったでしょうか」

「そうかもしれんね。しかし、今が、あの種の樹の一番きれいなときなんだよ。冬になりかけがね。それにしても、きれいだったね。この辺のは杉でも松でも普通なんだが」

伊賀神戸《かんべ》を過ぎる。芭蕉庵（蓑虫庵《みのむしあん》）、伊賀越《ごえ》道中などの案内看板が出ている。駅売りが、生柿・リンゴ・ミカンなどを売っている。先生、ときどき景色を眺めるだけで、イギリス民俗学会報を読んでいる。先生タバコ今日五本目。稲を刈った後の畔豆《あぜまめ》を百姓達が抜き取っている。名張につく。

「この山の向こう側が伊賀の上野で、向こうとこっちとが、おのおの独立しているんだ。ナバリは万葉などにカクレルという字を書いてナベルとよんでいて、カクレルことなんだよ」

これから三〇分、ノンストップで近鉄急行は、八木《やぎ》へつく。

「名張の町は駅から、かなり離れているなかなかいい町だよ。このトンネルが、そうすると大和《やまと》との境になるんだな」

榛原《はいばら》を過ぎる。

「この辺の特徴で、他にどこにもないのだが、茅葺《かやぶき》の上に稲藁で飾りに薄く被せる葺き方だろう、見てごらん。それと切妻《きりづま》が四つにならずに、こう二つになっている。いつまでいってもリンゴがあるね。あんなにまんなかだけ茅で葺いて、両側を下げて瓦で葺いたり、一段でよいのに、屋根を二段にしているのは、このあたりだけだね。奈良へ行っても少しはあるが」

長谷《はせ》寺が見えてきた。折口先生の案内で来た万葉旅行のときの道筋をなつかしく想い出す。

「二、三年前だ、長谷寺から三輪《みわ》までハイヤーで通ったことがある」

行く手に耳無山《みみなしやま》がみえてくる。三輪山が近く大きく眺められる。耳無山の池畔にある一本の櫨もみじが非常に美しかった。

「これは、こんどの旅行の記念だね。じつにきれいなもんだ」

八木・西大寺《さいだいじ》で乗り替え、奈良に向かう。

「大正四年のご大礼のとき、私は、ちょうど仕事を引き受けたので、大きなトランクをその八木の次の駅まで送らせていて、ここで大礼服に着替えて用をすませ、こんどはチェックして東京へトランクを送ってしまい、あそこから背広にゲートルで奈良まで歩いたことがあった。ちょうど鉄道に知っている者がいてね」

私のと先生のと鞄二つを駅にあずけ、奈良図書館まで歩いた。今までの電車のなかで、いろいろの話があったのだが、非常な混雑で、先生も立ったままであったから、とてもメモはとれなかった。奈良図書館に野村伝四氏をたずね、先生に紹介された。先生が、野村氏を奈良ホテルに招待したいといわれたが、野村氏は、三〇年来昼食を抜いているとのことであった。同氏の館長室で失礼して、東京から持参のパンとリンゴを出し、野村氏も入って、三人で昼食をすませた。

「久しぶりで公園を歩いてみたいですが」

野村氏の案内で、奈良公園を一時間ほど散歩する。雄鹿がかん高い声で、長く鳴くのをはじめて聞いた。

「私は奈良ホテルで、あの鳴き声を夜ふけてからよく聞いたものだ」

奈良公園は今、秋たけなわである。鹿が非常に多く群れている。

「こんなにたくさん集まってかたまっている鹿を見るのは、はじめてだね」

博物館横から二月堂へと近道をとり、東大寺の横を歩く。エナガという小鳥がたくさん鳴き群れていた。

「これは随分小さい鳥だね、おそらく一番小さいのじゃないかね、非常に巣を作ることがたくみで……」

歩きながら野村氏と先生とのあいだで、このエナガや、その他の小鳥について、いろいろな話がかわされたが、よく聞きとれなかった。

あいさつ宜しくあって野村氏に別れ、電車で京都に向かう。

「木津川だ。これが昔、京都と奈良の大きな交通路だったんだね、もっと深かったんだろう」

加茂川を渡る。このあたり夕陽強く映えて、山々は靄につつまれてうすれてみえる。京都につく。京都ホテルまで自動車一円二〇銭。先生は五〇九号で私は七一一号。別々になつたのは先生からの通知が一人分になっていたので、部屋がわかれわかれになつたためである。

「都ホテルはそれほど飯がおいしくないし、コーヒーもいいものを飲ませないから、京都ホテルに泊まってみよう」

ということだつたが、このホテルのコーヒーも、じつのところ、おいしいとはいえなかつた。夕食後、

「少し歩いてきたらどうかね」

で、雨あがりの京都の街へ出る。この辺は、ひところの銀座のような喫茶店がたくさんあり、静かなタンゴが聞こえている。朝日ビルの本屋で半年ごしさがしていた『北越雪譜』をみつけた。古本屋を歩き、宮武省三氏の『習俗と〇〇』それに『ひだびと』の合本などを買う。九時五分前、先生のお部屋へ行く。明朝八時に、平山敏治郎氏来訪のはず。一〇分ぐらいいて部屋に引き取り、風呂に入る。部屋付きではないが、洋式と日本式のと、二つの風呂がついており、私は総檜のほうに入って初めてのんびりした。メモをつけ手紙・葉書を書いて一二時半、ベッドに入る。今日は、二度顔をそつた。部屋にはアイスウ

ォーターが魔法瓶に入れておいてある。スチームが通っている。市電の音が聞こえ、ちょっと東京の高級アパートといった部屋である。彼女のいる築地会館を思い出す。

京都から神戸へ（第三日目）――昭和一六年一一月一五日――

朝六時起床。

屋上に出て、京都の美しい夜明けの景色に見とれていた。寒い。霧が山腹にたなびいている。山の端の輪郭が次第にはっきりしてくるようになると、もう夜が明けはじめたのだ。三日月が細く、ちょうど京都ホテルの上に残っている。間近い山の中腹に灯が二つ、三つまたたいている。七時に先生をお起こしして、七時半朝食。サロンで新聞を読みながら、

「僕はよほど我慢強かったんだよ。昔ね、長野県で一一回、産業組合の話をしたことがあったがね、中央大学か京大を出たやつが役人で、いつもついてきて聞いているんだ。それで、〝あいつはいつも同じ話をしている〟と思われるのが癪で、とうとう一一回とも全然別な話をしたことがあった。これは相当苦しかったがね。島田俊雄は選挙運動演説で、二

〇七回もまったく同じ話をしたそうだよ。労務課長か何かしているときだ」

八時二〇分、平山敏治郎氏来訪。九時二〇分、学校から迎えの先生が来て、一〇時、高等蚕糸学校につく。校長から桑園整理、生糸について、いろいろ興味ある話を聞きながらお茶を飲み、やがて講堂へ。

〝家族制度〟についての講演を終わり、校長室で昼食を出されたので、ホテルでとるつもりだったのを変更してご馳走になった。満州の高粱のはいっている飯であった。

先生は、昨日私が「加茂川はどこですか」と問うたのを覚えておられて「帰りに加茂川を見せてあげよう」とおっしゃって、市電で河原丸太町へ出て、二条の橋まで歩き、

「これで「加茂川はどこですか」と聞かなくてすむね」

と朗らかに笑われた。

改修工事のためか、ごちゃごちゃして水も少なく、いささか、がっかりしたことだった。木屋町を通り、詳しい高瀬船の話などを聞かせていただいた。美しい、おもちゃのような雛型のような通りであった。一時半、ホテルに帰る。

「どうも高等蚕糸学校というと大分違うね。高等学校だと、地方と一高とではいくらも違わないが、高等専門学校は、高等学校とは違うね。ここでこんな顔をするだろうというところでしないものね……。私は整理できないのを知っていても、今でもこうして名刺をも

って帰るのだが、もう三十何年もとってあるのだから、たくさんたまってしまった。肩書きのついている名刺だけをイロハ順ででも整理しようとしていたんだが、もうとてもできないね」

「こりゃ、いよいよ大毎（大阪毎日新聞社）へは勤められませんね。お手伝いしなければならない仕事が山ほどあるんですから」

「いや、そんなことはできないよ」

「塚崎（進）君は陸軍へはいるなら一ケ月きり暇がありませんが、海軍が受かったら四月ですから、仕事をさせなすったらいかがですか」

「いやね、馴れないと時間ばかりかかって、ついていなきゃならないから。池田弘子さんなんて、あんなに馴れても、まだ私んとこにいるあいだは、ついていなければならないんだもの。いろいろ聞いてきてね。そうかといって、倉田（一郎）君みたいに、一人でやってくれるのは、やはり気にくわないしね。余計なことを書いてしまったりするし。山村語彙なども、私は気にくわないんだ。山村語彙はまだいいが、漁村のほうは皆同じようでね。字引きみたいに、一つ一つ引いてみる人はいいが、読んでいくには、ちっとも面白くないんだ。ところがまた、読まなくちゃ駄目なんだしね。なかなかうまくいかないよ。服装のほうは、増補しようと思って、矢部（百合子）さんて、若い女の子がいるだろう、あの人にやらせているから、このほうが早く出るかもしれない。まつりの語彙をたくさん集めてあるんだが、名前を何としようか考えているんだ」

「祭礼語彙はいかがですか」

「それはいけないんだよ。私はマツリと祭礼をわけてさえいるくらいだもの。祭礼では小さいマツリははいらないしね」

約束の岡見正雄氏は、三時過ぎても現われない。

「来ないかもしれないんだ、留守のところへ電報がいったらそれきりだしね。三時になったら、立つ用意をしよう。荷物がないと、もっとこの辺を歩いて見られるんだが」

先生は、風呂敷から、イギリス民俗学会報を出して読みはじめる。静かなホテルのサロンの一時であった。私は、この間に、午前中講演に行かれる途中聞いた話をメモに書きつけた。

「平山敏治郎は生粋《きっすい》の江戸っ子でね。浅草の坊主軍鶏《しゃも》屋といって、あれのお祖父《じい》さんという人が鳥やで、回向院《えこういん》に行く人は、かならず寄って食ったもんだ。明治初年ごろは、東京では知らない人はなかったんだよ。それをいやがるようになって、親父の代になると、兄貴に鳥屋をやらせて次男はもうやめてしまった。今では旦那衆になっているが、平山なんかいやがって何とかして東京へ帰るまいとばかりしている。家じゃ帰って来い来いっていていっているんだがね。ちょうど、被服廠の近くなもんだから、平山の兄貴は震災で死んだんだね……」

これは自動車の中で聞いた話であった。

「君は、あまりタバコをすわないね」

「はあ、なるべくすわないようにしています」

「僕は、どうしても二〇本はこすのでね」

「一〇本なら一〇本として、なくなりかけると時間をのばして、こさないようにしていますが、客があったり、考えごとをしたりしますと、ついのみすぎます」

「若いのに、えらいもんだね。感心しているんだ。そりゃタバコというやつは、そういう妙なときに間をもたせたりするもんだから、つい私なんかも、のみすぎて頭が痛かったりしてね」

サロンでこんな話をしていて三時一〇分過ぎ、岡見氏来訪。出先へ自宅から電報があったそうで、和服で汗をかきかきかけつけて来られた。

「これで払って、あまりを預かっておいてくれ給え」

と、百円札をあずかる。支払いをすます。岡見氏と先生との間で『聴耳草紙』の再版のことやその他、会話あれど略す。三時三二分、三ノ宮へ電車。二等、四円八〇銭。

「あれが愛宕《あたご》だよ。あのこぶのようになっている所があるだろう、あそこにお宮があるのだ。その左のほうに白く見える所がケーブルだろう、途中まで行っているんだ。……、君は、岡見君にはじめて逢ったの？　平山君の二年ばかり先輩で、京都の国文科だよ、『国語と国文学』の編集などをしていた人だ。学生時代に先生の紹介状をもって私のところへ来たんだ。……、あれが八幡《はちまん》様だ。男山《おとこやま》八幡様、お宮？　あるさ、向こう側だから、こっちからは見えない。こっち側が天王様だ」

先生は『Folklore Society』。先生またタバコを出しかけて、

「ああ、こりゃ禁煙だ。ちょうどいいや、どうものみすぎていけない」

駅名が読みとれぬほど早く、ノン・ストップで電車は走る。順序は前後するが、

「先生は御健康で結構でございます」

という平山氏の挨拶に、

「いえ、どうも弱ってるんです。午後の三時ごろになると、字の書けないのは、こりゃあもう今にはじまったことではないが、思うように仕事ができなくなった。大学（東京帝国大学）の全学会の講義が四時からなもんだから、風邪《かぜ》をひいてしまってまだよくならないんだ。とうとう五回で止めてしまった。「お帰りになってからでも、ようござんすから」というんだが、はじめ六〇〇人も聴きにきていたのが、だんだん減っていってしまってね、

最後は二〇〇人くらいになってしまったし、全学会は、文科のやつは聴いちゃいけないんだなんて、つまらないことを言いだすやつがいてね。工科とか他の科の者だけなんだ。もっとも文科のも来ていましたがね、七回っていうのを五回で逃げちゃって……」

と、こんな話も平山氏と話されていた。四時、大阪駅につく。

「大阪駅を、ある半径で円を描くとその中に、一二〇〇万人住んでいるが、東京の新橋をその半径の中心にすると、何でも四、五〇〇万きり住んでいないんだってね、……。あれが、君の入社する大毎で、すぐ近いから歩いても行ける。その向こうが朝日（新聞社）で、その横の四角のが大阪商船だよ」

「大きい街ですね」

「君は、大阪に降りたことないの？」

「はあ、全然」

「じゃ、これからの旅はまったくフレッシュなんだね。ははあ、僕も、もう一度そういう旅行をしてみたいね」

「この川は景色がいいですね」

「これが武庫川《むこがわ》だし。『万葉集』にはいくつも武庫川が詠まれている。この辺に甲子園ホテルが見えるはずだ。神戸のこっちに摩耶《まや》山て山があって、その中腹までケーブルがあってホテルがあるんだが、僕は、そこへ二度も三度も泊まったことがある。大変眺望がよくて、朝、この辺がきれいに見えるんだが、一時間ほどたつと、民家の煙で、煙の座布団みたいに上にかぶさって、高くはないんだが、すっかり見えなくなるんだ、それが夜まであって、またどこかへ消えてしまうんだね。あれが淡路の島だ。ほら見えるだろう、あれが摩耶山ホテルで、あの森の中が摩耶山だ。大きなお湯があったりしてね、今は燃料欠乏でどうしているか」

神戸につく。木越進氏からの依頼があったためであろうが、大阪商船では二階の貴賓室の隣に案内されて、丁重にもてなされた。四時二〇分ごろにつき、別府行の出るのは、六時半である。

「君は、神戸ははじめてなんだろうから、六時までそこらを見ておいで」

と、言われたので、旅行に先立って、佐藤信彦先生に注意されたのは、こういうときのことだと思いあたり、仰せをかしこみ、元町へ出た。床屋へ行ったらバリカン油のような安ポマードをつけられて閉口。六時一〇分前にブラブラ帰る。

瀬戸内海航路、別府まで（第四日目）——昭和一六年一一月一六日——

神戸から瀬戸内海を走る船の一等一四号室。木越氏が船まで見送ってこられた。七時に夕食。テーブルには同志社大学総長の牧野さんと大分県労務課長との四人で和食。「あまりおいしくないな」と、先生おっしゃる。話題は買出しの行列のこと、米のことなど。食後ボーイ長が「特別室を用意してございますが」というのを「もったいないから」と、先生は、あっさりことわってしまわれたので、いささかがっかりした。

「この船は千二、三百トンだろうが、なかなかきれいなもんだね」

紅丸である。七時四〇分、先生は『Folklore Society』。漁灯が点々と眺められる。九時半ベッドに入る。先生と同室である。今夜はメモをつけるわけにはいかない。ゆうゆうと真水の風呂に入って、ふんだんにお湯を使ったのは、何か痛快な気持ちであった。船中の風呂、これも生まれて初めての経験である。ぐっすり寝たわけではなかった。あまり好きでない船のせいだろう。夜中に二度眼が覚め、もう朝かとあわてて起きてみたら二時半であった。

一六日朝、六時に起きて風呂場に行き、湯で顔を洗う。瀬戸内海も今治をとっくにすぎ、あと高浜まで四〇分くらいだという。来島《くるしま》の瀬戸はとうに過ぎた。さざ波一つたたない航海日和である。初めて見る瀬戸内《せとうち》の朝景色。漁船がたくさん出ている。荷物船を一隻追い抜いた。まだ日は出ない。四国側の人家が見え、朝餉《あさげ》を炊く煙が、海上に棚引いている。上甲板に上がって、しばらく見とれていた。先生がうらやむ処女地への旅、見るもの聞くものすべてが初めての風物。七時二〇分前、先生が起床。顔を洗う前のいっとき、遠近の景色を説明していただいた。七時七分過ぎ、四国の山から朝日が出た。四国の陸地の下のほうが海面から靄に包まれてしまう。

鹿島という島を過ぎる。

「温泉郡（愛媛県）で、天然記念物の鹿がいる島だ」

七時二〇分、船長、朝の挨拶に来る。広島側の島々は、朝日を受けて、松の梢までくっきりと鮮やかに見える。小さい漁船の一つ二つが、船や白帆一杯に朝陽を受けてただよっている。写真が撮れたらどんなによいだろうと思い、せめてスケッチでもしたいと思うが、それも気がねでできない。もうさっきから讃岐の国だという。四国は地図で考えていたよりも、ずっと、ずっと広い。陸地が近いせいか、船足がずっと速く感じられる。七時半、先生は部屋でベッドの上に荷物をひろげ、整理にかかっておられる。中ノ島が朝日を受けて美しく、民家もまた絵のように美しく見える。家の位置がずっと近く海に接しているのは、外海でないから、波を受ける心配がないからであろう。かん高い汽笛とともに船はぐっと左により、エンジンの音が急に低くなる。高浜の港に入るらしい。

「いつもこんなわけでないんだが、こんなに天気がいいのは、今日は君の初旅を祝してくれているんだ」

「しかし、波のたたない海なんて変なものですね」

「この辺は、もとあんなものがいなかったのに、エプロンをかけて上にモンペをはいているんだね。あの乙女達は」

汀に立つその乙女達の白足袋が、くっきりと水際に見える。

「忽那《くつな》文書《もんじょ》というのを知っているかい。これがもとは忽那群島といって、忽那家のいた所だ。南朝方で、だいたい村上の一族は南朝方だが、偶然、文書がたくさん残っていて、よく解っているんだ。本もずいぶん出ている。その平地の多いほうが野口だ」

多くの乗客が降り、新しい客がたくさん乗ってきた。物売りの声がかまびすしく、桟橋と船の窓の間で、銭と物をやりとりしている。この船のコックが降りて、毛をむしった裸の鶏や、いろいろな野菜を船中へ投げこんでいる。大根の白さが目にしみるようである。

「松山藩の交通は、全部三津ケ浜からしていたし、ずっとそのほうが古くからあって、問屋等も、整っていたのだが、この高浜と競争になってね。それが政友会と民政党の争いになり、ずいぶん争ったもんなんだ。もとの帆船なら、三津ケ浜でもよかったんだがね。今でも両方やっているが、だんだん高浜のほうが勝ってるらしい。道後温泉へはここから行くのだ。慶応の史学を出た男で、大宮というのがいる。大正一〇年に、私が西洋に行く前に遊びに来てね。あの島が忽那群島の中でいちばん大きな中ノ島というんだが、大宮はあそこの出身なんだね。

私が大正四年の秋、九月に松山へ講演に頼まれて行って『御大礼と農業』という話をしたら、知事が知っている者だったんで、「何を御礼しましょう」というから「何でもいうことをきくか」と聞いたら「たいていのことは、しましょう」と、いうので「水上警察の船を一日だけ貸せ」と言ったんだ。だいぶ考えていたっけが、警察部長が「いいじゃないですか」なんて言ってね、出してくれたんだ。それで、中ノ島へ行けたんだが、西洋人の背のこんなに高いロバートソン・スコットという人で、私の講演を聴いても解らんくせに「私は最後に手をたたきます」と言ってついて来て「私は、あなたがたを案内するのは二の次なんだが、それでもよいか」といってたのに、とうとう出雲までついて来てね。本を出しているが、私の写真等もたくさん出ているよ、慶応の図書館にも出ているはずだ。大正四年に行ったとき、子供がたくさん集まって来たんだが「あの中に私がいたんです」と、さっき言った大宮というやつが言ったんだ。子供でいたんだね。よく覚えていたもんだが、そのとき、水上警察の船で安居《あい》の島へ行けといったんだ。安居の島は、宮島から行くとちょうど風の変わるところで、帆船時代はそこで風が変わるまで、都合が悪いと幾日でも、安居の島で風待ちをしなければならなかったんで、たくさん遊女がいたんでね。こういう船になって、その必要がなくなったんで、安居の島がさびれ出して、まだ十年になるかならない衰微のごく初期だったから、まだそのころは「安居の島へ行け」といったら、船員がにこっと笑うんだね。まだ行ったことのない船員だったから面白がってね。望遠鏡でこうして見ていて「いる、いる」っていうんだ。女郎が二人、中型の浴衣《ゆかた》を着て立っているって騒ぐんだね。なるほど行ってみたら、二人立っているんだが、その浴衣にたくさん継《つぎ》が当たっているんだ。もう衰微しているんだね。どこへ行こうかというんだが、小さい島で繁昌はしているんだが、どこって行く所もないから「小学校へ連れて行け」ってわけで、行ってみたら、先生が一人なんだが、もう一〇年も前に四国から渡ったとかいう人で、六畳一間の部屋に寝っころがって、それも仰向きになって足をこう重ねて、本を読んでいるんだ。赤い褌《ふんどし》が見えるんだね。見たことにしちゃ悪いから、もう一度もどって、こんどは大きい声をあげて、もう一度行った。

スコットってやつは、わかりもしないくせに、人の講演を聴いていて、最後に拍手をしてね、それであとから「ああ体を動かしちゃあ駄目だ」とか、何とかいうんだよ」

七時四〇分、朝食を報らせてくる。

「今朝は、同志社の牧野さんは、高浜で降りましたので」といって、船長がテーブルにはいった。外米の話、赤米《あかごめ》、匂《にお》い米等の話が出る。すでに日は高く、窓ガラス越しにさんさんと照って暖かい。もう九時二〇分過ぎである。両岸とも相当離れて、船はどんどん進む。少しローリングを感じるようになった。

「海の色が、だいぶ違ってきましたが、やはり日光のせいですか」

「ええ、光線の加減だろうが、一日に何回も変わるようだね。……、船の歩く道は、こんなに違うんだね。昨年、私が九州からこっちへ帰るときは、ずっとあの（四国）海岸寄りを通ったんだが。あの辺が周防《すおう》の大島ではないかな。あれが、すると、平郡《へぐり》島だ。宮本（常一）の郷里のあのいちばん低い所のあっち側、山陽道に面したほうだ。あれがたぶん宮島だろう。だから、この間を行くんだね、呉《くれ》に行くには……。こんなに暖かで、タバコも少ないんだから、風邪はよくなるだろう、湿気もあるしね」

先生は昨夜二時ごろ、

「だいぶ長いあいだ便所へいっていたんだが、通じがなくて……」

と、通じ薬を二粒飲まれた。今また、微温湯に塩をボーイに持って来させて、うがいをなさる。

まだ、かなり咳《せき》が出る。さっきから例の英文のイギリス民俗学会の会報を読んでおられる。

「四国は、なかなか通りすぎませんね」

「そりゃ永いよ、それに佐田の岬が、長く尻尾のように出ているんだから。四国を出たら、もうすぐ別府だよ。帰ったら地図を見給え」

遠く霞んだ四国の山々。四枚帆の船が小さいボートを尻に曳いているのを、だんだん追い越して行く。逆光線で帆が真っ黒に見える。船室の前は長い廊下で、艶消しの真っ白い塗料でぬられ、電気冷蔵庫を思わせる。一等船客に、若い母親と娘が昨夜から乗っているが、純白の船の廊下に、靴だけがきちんと一列に長く並んで、そこに日光がさんさんとあたっている。ずっと向こうのテーブルに大分の学務課長が、あっちを向いて本を読んでいる。

「こんなに航路が違うことを、はじめて知ったね。やっぱり潮の加減で、こんなときは、どこを通るということがきまっているんだね。たしかにこのあいだとは、二里も三里も違っている。このあいだは、山の松の木も家も、はっきり見えたんだもの」

あまり日光にあたりすぎたのか、やたらに眠くなって一時間ほどぐっすり眠った。

「気持ちが悪いんじゃないかね、ねむいのならいいが」

枕元に、先生が薬を置いてくださってあった。爽快な気分だが、心よい眠けだけがあとからあとから襲ってくる。寝不足が今になってたたってきたらしい。心配をおかけするのもわるいと思って『北越雪譜』等を眺めていた。ベッドで寝ているほうが楽なので、しばらくのあいだそのまま横になって遊んでいた。先生は昨夜から、宗匠頭巾をかぶっておられる。俳諧師そっくりだ。一一時二〇分過ぎ、

「この辺はもう中ノ岡だろう。上ノ岡、中ノ岡、下ノ岡とあるんだからね。あそこに見えるのが、佐賀ノ関の製錬所だろう、高い煙突が見えるはずだ」

もう一二時である。

「あれが程島じゃないかな、『海南小記』に書いた島だ」

九州が見えはじめてからだいぶたって、イルカの話などをなさりながら昼食。大分湾に入る。

「〝はるかにも来ぬるものかな〟ですね」

「ははあ。今でもそういうんだが、この湾をカンタン湾（蓮の花の意味）といってね、慶長ごろに松島みたいに、たくさん島があって、人もだいぶ住んでいたのが、噴火と地震で、

どかんと海へ沈んでしまったというんだ。記録があって、それについていろいろの事件や伝説があるんだが、たしかかどうか解らないんだ。あんまり大きな事件だからね。向こうへ着いたらね君、荷物をこの船着場へあずけ給え。今日、発つか泊まるかきまったら、そこから運ばせるから。駅まで持って行くと、またそこから運ばなければならんよ。この船はね、大分へいっぺん着くんだよ。大分が築港してね、馬鹿にしてるんだ。別府の前を通ってね、大分に着くんだ。それからまた別府へ行くんだよ。この人達（電話協会の団体）は大分で上がるよきっと。だから南のほうへ行く人は、大分に上がるほうが便利なんだ」

かもめが三羽、船を追い越して行くのを先生と並んで眺めていた。

「船は、経済速度だから、時間がこうなんだよ」

飛行機の爆音が聞こえたと思うと、矢のように頭上をかすめ、見ている間に小さくなって影を没してしまった。午後一時二〇分過ぎ。昼食のときの話を思い出したので、ここで書き付けておく。

「イルカは、群をなしてあるき、きまった時期に、一定の方向へ進んでくるので、岬の突端に、お宮なんかあるもんだから、イルカのお宮参りだなんていっている。壱岐・隠岐・越後などでもそういっています。イルカの先祖の墓があって、イルカの墓参りだなんてってね、何月何日だなんていっている。……、あっ、今日は大分へ寄らないよ。あの山が高崎山だから。あの山は高崎山といってね、別府と大分の間にあるんだから。あの汽車は筑豊線だ、いや豊薩線かな。高崎山は古戦場で大きな戦のあった山だ。島津が幾度かここまで出かけて来てね。まだ二時前だ、二時までにはついちゃう」

「お荷物を」といって、ボーイがくる。先生は、

「一度降りて相談するから、発着所にあずけておいてくれたまえ」

二時半である。かん高い船の汽笛の音長く、短く。三七分、エンジンの音低くなり徐行。別府についた。船長その他と宜しくあって、別府の朝日通信部員中村玉雄氏が迎えに来ていた。予定より二時間も早くついたことになるのに、

「二時間もうかったから、君に別府を案内しよう」

と、二時間一〇円で貸切自動車をやとう。

「この先のほう、あの辺が石垣原の古戦場といって、やはり大きな戦さがあったんだ」

鬼山、養鰐場、カルシュームの白池地獄、海地獄、血ノ池等を見せていただいた。海地獄の湧き出る熱湯の色の鮮やかな凄さ。

「この池はあまりにも綺麗だね。ここでもと心中《しんじゅう》があってね、何でも女は芸者だったそうだが、まわりにたくさん人がいて、はっとして、すぐ引きあげようとしたら、もうね、男も女も溶けてしまって、何一つ引きあげるものがなかったそうだ」

「着物も、髪の毛も、何も彼もですか」

「うん、じつに凄愴な話だね」

血の池地獄で真っ黄色の変なまんじゅうを売っていた。

「あんこが入っているの？」

「お芋と玉子が入っています」

「一つ食べてみようか」

「ええ」

蠅が五、六匹、黒ぐろとついていたのを、先生、むしゃむしゃめしあがる。ちっともうまくないので、一つずつでやめる。二人まえで六〇銭というあまりの高さなので、払うのをためらっていたら、先生がさっさと払ってしまわれた。

「うまくなかったね」

朝日新聞関係の寿楽園というのへ自動車をつけた。庭がやたらに広い。われわれの部屋は、離れになっていて、風呂がついている。静かな広い庭の見える宿である。先生はすっかりお気に召したようで、

「この楠の木に、夕陽のあたったところなんどはじつにいいね。楠の木は、こんなに大きくなって何本もあるのは珍しい。私んとこにも、どうかしてつけようと思っているが、な

かなかむつかしいね。対馬の厳原《いずはら》という所に行くと、両側が石垣でね、その外側の山が、両方ずっと楠の大木なんだよ。それが繁って道にたれていてね、その楠の若葉がまたじつにきれいな紅でね、私はあんなに楠のある所は、他には知らないね」

鵯《ひよどり》しきりになく。庭が広いので渡り廊下もなく、せっかくの料理も、この離屋につくまでにはたいがい冷めている。先生、晩酌を五勺ほど召しあがり、いい顔色になる。私も三、四杯いただいた。フランスから持って帰ったブドー酒の話、『後狩詞記《のちのかりことばのき》』のこと、油屋亀五郎がことなど、随分いろいろ初めての話をうかがった。

「私は、五〇くらいまでは、飲まなかったんだよ。西洋に行っていたとき、一人であんまり淋しかったから飲みはじめたんだ。フランスから帰るときに帰ったら飲もうと思って、そのころは自由がきいたから、ブドー酒をたくさん持ってきたんだ。そうしたら結膜炎をやってね、家の者が「今これを飲んだら死にますよ」なんていうんで、とうとう人に分けてやってしまった。……、今日、通った所に〈油屋亀五郎氏のために〉なんて書いてあったろう。気がつかなかったかい。土地の功労者で、そいつがいたために、別府は、これだけ発展したんだ。……、この酒は焼酎がはいっているし、いい酒じゃないな、やはり」

名古屋では、酒もビールもなく、京都ホテルのときは「カクテルかウィスキーならあります」というのを、私が遠慮したために「一人じゃやめよう」と今日まで召しあがらなかったのだ。

「先生、もう七時になりますが、中瀬老人にお電話なすっては」

「それがね、あると思っていたら、向こうに電話がないんだ。今問い合わせてみたんだが」

四時過ぎ。召集があるかもしれないので、名古屋でも京都でもそうしたのであったが、留守宅へ電報を打ちたいと思って、

「ちょっと出て参りたいのですが」

と申し出ると、

「少し街を見てきたらどうだね、私のほうは用はないから、一時間ばかり行っておいで。ケーブルで遊園地へでも行ってみるとよい」

と言われたので、下駄をはいて出かけると、

「靴で行きなさい、帽子をかぶって」

と言われた。波止場近くの賑やかな街を見て回わった。その間に問い合わせなさったのだろう。中瀬老人の話から『後狩詞記』の出版当時の思い出話が出たわけである。先生と代わるがわる何度も温泉に入った。『後狩詞記』についての、長い思い出話は、じつにすばらしいものであった。私は、はじめて先生の若い役人時代の在りようを、目の前に見る

ようにはっきりと、描くことができた。一〇時近くまで、ご機嫌よく、先生はいつまでも語りつづけておられた。椎葉《しいば》の山奥の話をなさるときの先生は、心から中瀬老人に逢えないことを残りおしそうであった。椎葉と関係の深い人なのだろうか。ちょっと行ってたずねればわかるのに、先生はそれをなさらない。一六日の夜は、先生の心地よい寝息とともに更《ふ》けてゆく。

別府から小倉へ（第五日目）——昭和一六年一一月一七日——

九時二〇分、別府から小倉へ。

「この先に日出《ひじ》という所があって、成清《なりきよ》（？）という貴族院議員が、じつに立派なご殿といってもよいような邸宅を持っていてね。この先に金山《きんざん》があって、一時は非常に出たんだね。それを持っているんだが、そこへちょっと遊びに寄ったら「ぜひ泊まってゆけ」って、じつに歓待されてね。そうしたら、そこへ役所が焼けたって電報なんだ。じつに心配したねえ、あんなに心配したことはなかったよ。門司の鉄道局長を知ってたもんだから、電話をかけさせて、ともかく聞き合わせたら、そいつがふざけたやつでね「丸焼けだよ」なんていっていたが、なあに焼けやしなかったさ」

今日は、じつにいいお天気で、うららかな日ざしが暖かい。

「これは、カヤツリ草の一種で七島といってね、いちばん悪い畳表だ。この辺でできるんだ」

杵築《きつき》駅（日豊本線）を過ぎる。

「小さな大名なんだが、帆足万里《ほあしばんり》（一七七八〜一八五二）なんていう学者の出たのもここだ。今日通るから気をつけてみたまえ、宇佐に近くなると、山のアウトラインが、じつに奇妙なんだよ。そこの一つに神様が降りられたと信じて、その下にあるのが宇佐の八幡様なんだ。あの山の妙なアウトラインを、じっと眺めると、そうしたことがわかるね」

「昨日散歩していますとき、高崎山の上半分に夕陽が当たって、それはきれいでしたよ」

「そうだったろうね、楠の葉に当たる夕陽もじつによかった。あの高崎山は地理学者なんか、興味を持つのはあたりまえだね。表はちゃんと堂々たる山でありながら、裏はそげてじつに貧弱なんだから」

中山香《なかやまが》を過ぎる。

「この山だ、成清の持っている金山は。ははあ、今でもやっているらしいね」

「この辺は紅葉はこれかららしいですね」

「いや、もうおしまいさ。耶馬溪《やばけい》あたりへ行くときれいだが、もうそれもないね。私が行ったのは一〇月だったかな。あ！　ハジがある、あれがそうだ。この辺では栽培しているんだ。あの実《み》から蠟《ろう》を取るんだよ。今は、あんまり盛んじゃないようだが」

立石《たていし》につく。

「この本は、せっかく僕に読ませようと思って、書いたんだから、この旅行に読んでやろう」

と小さいナイフで、ページ一枚、一枚切っていらっしゃる。大場千秋氏の『民族心理学』である。ハジの真紅な紅葉が、幾本も幾本もつづいてみえる。

「これは九州の紅葉の雄たるものさ」

一〇時四〇分近く、宇佐につく。朱塗りの停車場である。

「このあいだのご遷座のとき、あんなものを作ったんだろうね」

「あの山ですか？　先生」

「いや、もっと先へ行かんとわからないんだ。宇佐八幡の降りられたのは、竈山というんだ。型が竈に似ているんだろう。宮城県の七ツ山といったかね、いや七ツ森さ、あれに似ているんだ。何かこうなっているペネプレイが、雨やなんかで崩れたんだろうが、地理学者に考えさせるといいんだね。何か妙な山の様子なんだ」

汽車はゆっくりと走って行く。山が視野いっぱいにみえる。

「豊前と豊後の境なんだね。のちのものなんだろうが、あの山が、その最後のやつだ」

豊前善光寺と今津の間で、その山並みがみえてきた。

「あれがそうだ。非常に変わっているだろう、だから宇佐八幡を研究する人は、ここで図を取ってからはじめなければならない。あの山のうち、どれか一つの向こうの下に、八幡様があるんだから」

別府以来、こっちはもう脱穀を終わって、藁におがたくさん田圃に積んである。ちょうど盛んに脱穀作業をやっている所もみえる。みな田の中でやっている。

「この辺は二毛作だから、はやくこれをきめてしまって、麦を播くんだろうからね」

「二毛作というのは、田なら田だけで、二度作るのをいうのですか」

「二毛作は田だけにいうので、畑にはいわないよ」

豊前善光寺で、木の皮がたくさん積んであった。

「あれは何の皮でしょう」

「このあいだ瀬川（清子）さんが「杵築では、桐の皮を繊維に用います」というから、手帳にひかえておいたんだ。このあいだ出た『安里村誌』をみると、ヘラの木から取るとあって、豊前から習ってきたとあるから「ヘラの木ではないですか」と瀬川さんにきいたら、桐の木は間違いで、やはりヘラの木だったんだ。ヘラの木は、東北のシナの木に似ているが、この辺は栽培しているので、巾の広いのが取れるのだろう。あれもそうだろうと思うね、他にないもの」

「やはり丈夫なもんですか」

「綱を作ったり、帆船の綱を作ったりする。ヘラの木の繊維は水につかると、タンニンみたいなものが出て丈夫になるんだ。だから、他の綱や糸のように、何か塗ったりしなくてもよいわけだ。

どうも、夕べの睡眠剤が残っているらしくて……」

と、タバコを手に持ったまま、眼をつぶっておられる。

「毎晩お飲みになっていらっしゃったのですか」

「昨晩は風呂に入ってすぐ寝たせいか、なかなか寝つけなくて、一二時ごろ起きて、飲んだんだ。君は僕が騒いだのを知らなかったらしい」

——今朝、起きてから食事までの話が抜けているので、ここで補っておく——

「君が、木曽の中津川と間違えた豊前の中津は、これだよ。中津藩の町だ。だいぶ早く市になって、なかなか大きい街だ。これが山国川で、この上が耶馬溪だよ」

一一時三五分、中津を過ぎる。

今朝は七時に起きた。昨夜、先生が、ひっきりなしに咳をなさるので幾度も目がさめた。そして目ざとい自分が嬉しかった。夜中、ひどく咳をなさるたびに二度も三度も声をかけて静かに二言、三言、ことばをかわすとき、非常に親しい気持ちになるのであった。「陸軍療養所の体操をラジオ体操と間違えて、ゆっくりしてしまった」と、八時一〇分すぎ、先生があわてて起き出し、風呂を浴びて朝食をとる。七時半すぎ、新聞を読みながら、先生は床の中で、窓外の朝陽を楽しんでおられるものと思って声をかけなかったので、つい寝すごされたらしい。私は、七時前に起き、すっかり用意をととのえ、次の部屋でひっそりと先生の起きてこられるのを待っていた。

「君の起きたのをちっとも知らなかったよ。どうもまだ軽い気管支カタルが残っているらしくて、咳が出る、起きてしまえば何ともないんだが。あした若松へ行ってみようと思うが、このぶんではどうだかね。若松では熱心に私の本を集めている人がいるんだよ。曽田という人も立派な蔵書を持っている人だから、見せてもらうとよい。小倉ではずいぶん会いたい人がいるんだが……」

「旅館へお呼びになったらいかがですか？」

「気の毒だ。いつも泊まる所は、元市長をしていた人の家でね、年取ってから婆さんと始めた人だ。こんどもたぶんそこへ泊まらされるのだろう。金持ちなんだよ。どうも街の中でうるさいこったろうが、どうしようもないね」

一二時五分前、

「ここは何てとこ」

「松江という駅です」

「ええ？」

「松江と書いて、ショウエという所です。ずいぶん遠浅なんですね、この辺の海は」

「ええ」

先生、再び寄りかかって目をつぶる。読みかけの『民族心理学』は一二ページで開かれたままになっている。正午のサイレンがなる。

「あれが昼かい？」

と、先生、時計を合わせ本を読む。一二時二〇分、行橋《ゆくはし》を過ぎる。この辺の田圃に作ってある藁におは、山の薪の一棚、二棚のように、横に並べて積んである。しかし普通の藁におもないわけではない。

会計簿の計算を終える。今日までで一二四円九一銭の残り。

「京都は、このごろ安くしているからね」

「寿楽園のほうが一円五銭きり安くないんです」

「茶代も入れて？」

「いいえ、いれますと、八円五銭高くなります」

「どうもね、なかに口をきいてくれる人があると、その人の顔を立てなくちゃならないからね」

　畔も、山も、野も、草の緑がはっきりと東北の今ごろとは異なる。どこから乗ったのか、駅長の家族が大阪に転任になって行くのに、女の子を連れている。ときどき、その笑い声がすると、先生はにっこり笑って、そのほうをご覧になる。先生が、どんなに子どもを愛し、深い関心をその動作にもっていなさるかは、出発以来いたる所で見せられた。こんな汚い餓鬼がと思うような子どもにも、にこにこして、すぐ近くへ寄って行かれる。大和《やまと》の八木の駅で電車を待つあいだのことだったが、四つくらいの幼児に、男の子が名所案内のペンキの看板を一つ一つ指さししながら、まるで出たらめに知っていることばを聞かせていた。自動車・人・電車・自転車などというのを、その子がじっと聞いていて、その都度うなずくように兄に笑いかける。これを先生がじっと見ておられ、

「自分に向かって言ってくれていることだけはわかるのだね」

と、おっしゃった。それは、たんに子ども好きというだけではなくて、児童に対して、

とくに、なみなみならぬ関心をいだいておられることに、今さらながら気がついたことだった。

一二時四五分、曽根《そね》を過ぎる。黄葉はもちろんのこと、この辺までくると、全然冬の感じはなく、稲が刈られているので、秋になったことがわかるだけである。背がぽかぽか暖い。昨夜、あつい毛のシャツなどを送り返そうと思って、荷作りしていたら、

「まだ全旅行の三分の一も終わっていないのだから、もう少し待ちなさい」

と、たしなめられた。九州の講演が終わったら、別府へもどって宇和島へ渡ろうかと、今朝おっしゃっていたが、四国も見られるかもしれない。先の事は考えていないとのことだが、それだけに楽しみが多い。小倉へ着く。

「どうもこれでは、だんだん住みにくくなるね。煙がひどいね。今に名古屋より大きくなるだろう」

思いがけなく、讃岐から武田明さんが出迎えていた。朝日新聞の曽田氏、その他四、五人も来ていた。ごみごみした街を通って、鳥町の高尾旅館におちつく。しばらくして松永という民俗学者来訪。今夜の打ち合わせなどでごたごたする。

「君たちだけで食事したまえ」

とのことなので、武田さんと二人で街に出て飯を食いながら、久しぶりで塾の同学の先

輩と、学校の研究会や先輩たちの噂など語りあって宿へ帰る。武田さんが先生の部屋へ行って話しているのが、次の間へ聞こえてくる。

「お父さんの病気中は、絶対他の所へ出ようなどと考えてはいけないよ。親が病気しているということは、重大なことなんだよ、君」

その他、昔話関係の本の出版のこと、方言集のことなど。私はそのあいだ、留守宅へ例の電報を打ち、小包を作るなどした。

「日本の昔話というのを、とてもきれいな本にして出したので、とっても売れてね。一万部売れたといっているのに、まだまだ知らぬ人があるんだね。あれは、子どもたちが非常に喜んで読むので、日本の伝説もあんなで、あの三国書房というのから出してやろうと思う。そうしたら、日本のことわざとか、日本の何々というふうに、みな日本という名をつけて出そうと思っているんだ……。各郡誌でいちばん少ないのがことわざだ。私も、ぽつりぽつり集めているが、まだ本にするにはたりない。あるところで、一晩つぶして集めて会報へでも出しておきたまえ。今、謎をいちばん集めている人は、越中のを出した磯貝という人だ……」

三時半、曽田氏、和服の老人、女学校の先生来訪。

「女の、私のほうの学問へはいってくる道は、なかなか広くなっているものですし、どこの国でもやらぬ国はないものでして、女の子に話をするのは楽しみなのです。私のほうでも、女の子がだいぶ多くなりまして、別に団体など作っています。これからは、女の人にも半分働いてもらわなければなりませんので、女々しい男でもないと気がつかないことが多いものですから」

これは、先生の来遊をいい機会に、突然頼みにきた女学校の依頼者への返事である。先生は隣室の私に、

「どうだろうね、あした臨時に話してくれといっていられるんだが……」

と、わざと声を二度もかけられたので、私は、はっきり「予定がいっぱいですし、風邪がまだよくなっていませんからとても駄目です。薬瓶を下げていなすって、絶対無理です」と、頑強に主張してあげたのに、先生は、とうとう明日の午前一〇時から一二時までの講演を引き受けてしまわれた。私は、ただ先生の健康を心配するだけである。この女学校の養成科は、大部分、郡部出身の人で、一年間でここを出ると、学校の教員になるのだといい、非常に熱心らしく、かつ真面目で、態度も丁重を極めたものだったので、つい引き受けてしまわれたのである。感心するほど、感じの良い先生だった。

「『雪国の春』は、非常に東北に同情して書いたものですから、東北の女教員なんかは、非常に感謝しています。……。この前きたときに、女学校の方に一人お目にかかりました

んですが……。はは あ、女学校でなくて、師範学校の方でしたか。『鹿々角何本』の話をすると、じつに面白いんだが、この辺から百通も投書がありましてね、新聞へちょっと書いたきりなのに、新聞の勢力というものは、おそろしいもので……」

など、隣の話が聞こえる。明日正午から、当地の民間伝承の会員と昼食をすることになった。女学校の先生というのは、小倉市金田町一〇九、小倉高女の池田森雄氏であった。四時、曽田氏は、先生の含嗽《うがい》薬を作ってくるために、ひとあし先に帰り、池田氏も辞去。横柄な口をきく老人一人残る。

「私は今、東京の田舎に住んでいるんだが、勘定してみると一六年近くになる。そうか、君はもう二〇年になるかね」

先生は何かとこの老人を親切にいたわっておられる。

「一昨年、松山と山口の高等学校へ講演をたのまれて、山口を朝早く発って別府へ行ったんだったかな、家内を連れてね。昭和一一年に延命院へ行ったとき貴方にあったんだ。その年の秋また来たんだ、そのときは家内を連れて来たんだ」

四時一〇分すぎ、早い夕食になる。老人は、先生の帝大の同期生の由、紹介していただく。

「この間、長門の豊浦郡の方言集を出したのを見ると、九州の方言が三分の一以上はいっているね。木のことをキといわずにノキというからね。この人は、私の同期生でね。ここへ来ると、かならず一度ずつは逢うことにしているんだ」

この老人は、当地の海軍協会や、民事調停員などの仕事をしているという。夕食は、今までのうちもっともまずかった。サービスも親切とはいえない。暗く、古い、しかし小倉にしては閑静なのがめっけものだった。部屋は一〇と六の二間。五時二〇分すぎ、大毎の夕刊とどく。

「僕は、新聞に非常に強く書いてあるから、戦争は、そんなにすぐにはないと思う。もちろん国内に対するインカレッジメントもあろうが、だけども軍事に関する取り締まりがやかましいから、うっかりしゃべれないだろう」

武田明さんが「何でもゆっくり海を見ていただけで、関門あたりはすぐ引っ張られるとかで」と、いうと、

「こんなとき、この辺はうっかり旅行もしていられないよ」

新聞を見ながら、

「こんなに、何でもすぐ議決するなんて、議会はありゃしないよね、君。こんな馬鹿な議会なんて、あるものか」

「最近の文化運動と民俗学」（西部朝日新聞社講堂第一日目講演要旨）

―昭和一六年一一月一七日―

五時二〇分、曽田氏が迎えにみえて、徒歩で朝日講堂に行く。かなり遠い。貴賓室に入る。北九州文化連盟・福岡郷土会共催の講座は二日間の会員制度。会員二七二名の由。六時一五分すぎ、会場にはいる。火野葦平氏、朝日西部本社計画課長小川賢三氏の開講の辞あり。

「文化という言葉を、各人がいろいろに使っていてひとくくりにできません。文化は、今までなかったのにつけ加えるようにいっている人があります。文化史というのはあり得ても、文化学はあり得ません。かならず、いつの時代でも、文化はあり得ました。歴史の問題として文化を見る、その歴史は永続するものに違いなく、過去と現在をくらべるという意味の文化です。それには、二つの傾向があります。戦争前から使っていたのは、文化は新しい良いものという意味であった。〝日本固有文化〟というようなことを言いだす人が出てきまして、都会から出たものより、真に日本人の体験から出たものでなければならぬという人があります。どちらがよいか、よりよきものは、どちらかという問題をもったまま、皮肉なことには、地方の文化連盟は誕生しました。

いい文化は、古いものにもあり得るし、新しいものにもあります。文化は批判しなければなりません。古いものの中からも、これだけは子々孫々に残さねばならぬというものをみつけなければなりません。教育の根本から変えて、一人一人が価値批判のできるようにしなければなりません。九州文化連盟は、どうでありましょうか。私は第一線をしりぞいている歳ですが、それだけに用心深いから、それだけは若い人にお聞かせできます。それならば、どうしてそんなにいい文化や悪い文化があるか、いつの文化といっても、みんな続いているのです。それを一つ一つ分けているのです。都市文化と地方文化でも、文化そのものが、ねこそぎ違っているのではなく、組み合わせ方が違っています。Culture Complex と西洋人は申しています。

平安朝の武家が京都へ出て勢力をしめると、一つの文化ができてきます。文化の複合体と私どもは申しています。綾織のように、組み合わせは種々雑多です。組み合わされる糸すじの仕方で、いちばん特色のある色が出るのです。天平文化といったって、一つ一つの花ではないのです。少しずつ変わっていって一〇〇年か二〇〇年をおいてくらべてみると、ずいぶん違ってみえるのです。都市文化と地方文化が、まるっきり違うならば、比較できないのです。この文化複合体の細かな研究は、机の上ではできない。注意深く大勢を見る練習がないと、細かく見ることができません。

私のいちばん危険に思うのは、地方文化というのが概念のうちはよいが、これを九州文化とかいうようになると、国が四分五裂してきます。九州の文化は、四国とか東北とかとまるで違うというような有様ならば、日本の将来は、まことに心細い。文化運動者は多くは愛郷者であり、同時に他の地方の文化とどれほど違うかを知りません。しかも、この地方のように、日本文化のいちばん進んだような土地はよいが、一年のうち四ケ月以上地面が雪におおわれている土地が、日本の全体の四分の一はあり、もしくは、穀類は米以外のものしか作れない土地もあり、祖先以来のたくさんの束縛を背負って暮らしている所が多い。この点に関しては、このくらい始末のわるい国はないのです。島々に行くと電気を知らない所もあり、米を食糧にできない地方もありますれば、まして新文化時代のラジオ・映画等いくつかの生活便宜を放棄しなければ、生活できない人々がいます。辛抱していれば、今によくなるという土地と、辛抱していてもよくならない土地とがあります。黒島の報告をした本がありますが、これを読んでいますと胸が痛くなります。この輝かしい大御《おおみ》代《よ》をいただいて生きている者の中に、こんな者がいるのです。だから、土地を区画して、日本一つ一つ土地の地方文化になったら大変なのです。こんな便利な地方を概念として、日本全国を、いっしょにされたらたまりません。こうした心持ちで今晩やって来たのでありま す。せっかくいい運動が東雲《しののめ》をあけたのだから、良いようにやってゆきたいと思います。

我が田に水を引くように思いますが、民俗学という学問は、妙なふうに翻訳《ほんやく》されてしまいましたが、簡単にいうならば、文化史を明らかにする道であります。ただ発展性のある、時代性のある文化を日本のために、一つの固まったものとしてやる学問です。文化史学といったほうがよいかもしれません。この文化を批判するほかには、仕事がないような姿の学問です。まだぐずぐずしていますが、これは個人の問題です。歴史学は非常に勉強して、明治以後の日本文化のかなり大きな特長であろうと思います。いかなる僻村にも授けられたのは、じつに感謝しなければなりませんが、何度も何度もやらす必要は、要するに、国民全体、そしてこの病弊を考えさせるためでした。もうこれ以上の文化はないということはありますまいが、とにかく現在居る我々の現世の終局ではないことを教えるためであった。

二六〇〇年の日本は、教えなければならない数はあまり多いので、文部省ではいっぱいになっている。今度のように未曽有の時局になると、まして教えておかなければならない事柄が多く、昔のことは、少しずつ減らさなければなりません。こういう長い歴史をもっているこののために、不利益なことがある、それだけで終わりにするからいけないので、歴史は人間の生活にどれだけ必要かということを教えれば、それでたりるのです。半分くらいは、少なくとも旺盛な知識欲をもって学校を出るのだから、じつは、お前たちに教えたのは歴史のごく一部分である、と教えなければなりません。普通の人たちの歴史は、何も教えていないのに、二度も三度も歴史を教わったと思っていてはなりません。具体的建築としては、今までの歴史は主なることかもしれませんが、片端にすぎません。この他に、国民が経てきた長いあいだの、非常にたくさんの歴史があるのであります。とにかく、歴史は我々を教えるものであります。これで止めてはいけないといわねばなりません。

もし、子どもたちの知識欲が盛んになって、これは何だ、どうしてそうするのだ、というふうに聞かれましたときに、教えなければならないことがたくさんあり、今までは、その中でたくさんの教えられない、すなわち我々が知らないことが多くある。民俗学の初めごろは、教えられないことが多かったのですが、刻苦精励の結果、記録にないことでわかってきたことが、だいぶ増えてきました。二十何年間の勉強によって、書物に何にも書いてなくても、方法さえつくせば、こういうことはわかるという目安でした。今はよいが、平和になってご覧なさい、知りたいと思うことは、小さいことだけなんです。多くの人の家では、曽祖父の二代前くらいまでは、寺の過去帳を見ればわかりますが、その前は固有名詞はもうわかりません。その人たちが、どんな生活をしていたかが、だんだんわかるようになってきました。せっかく明治時代の恩沢として、歴史が、こんなに盛んになったのですから〝求めよ、しからば与えられん〟ということを言いたい。今の歴史を暗記していたって、実際は、日本人の歴史は、よくわかりません。

長いあいだ、どこの国からもかまわれないで、国がぱっと目をあいて、まかり間違えばアメリカと戦争ができるようになったんです。田舎から出て来て、一〇年そこそこで、一人前の精密機械を利用できるのが日本人です。半世紀のあいだに、たちまちこんなになったのか、これはいいところです。こうしたことは、だれも考えませんでした。具体的に説明しなかったんです。そのあいだで、我々が相済まぬと考えていることは、明治以来、ご三代のために、明治以前は夢にも考えなかったことがわからずにいます。しかし、わずかばかり古いことを知れば、それはわかるのです。それを知らないがために、これほどありがたい聖代に気づくことができないのです。

我々の仲間が、同じ手帳を使って、いっせいに山間の部落を調査したときに、いつの時代がいちばんよかったかと聞かせましたところ、言い方は違いますが、老人は、皆ほとんど全部が、明治以後がよいと言っています。それほど物質文明はよくなっているのです。これだけまで有形文化をもってこられたのは、根本は制度であります。今に対して昔といいますが、この昔の材料は、じつは微弱で内容は霧か霞みたいにぼかしています。年齢のせいですが、一日に三べんも五へんも、こんなことまで知らないのかと、問い返すことがあります。今までの生活が、どんなであったかを知らないのです。すき焼きの始まったのは、長崎だって古いことではなく、それ以外では、明治以後です。女は美しく内足に歩いていて、そうっとしていて、いいなんていっていますが、あれは、長い腰巻で、よんどころなく内足に歩くようになったのです。江戸文化の糜爛《びらん》したときからのことで、あんなことをしては歩けやしない。いっさいのことが昔に対して、漠然たる内容の概念で来ておったので、今日のように固有文化は駄目だというほうが、かえってそのほうが嘘でない。どこがいいのか、じつはわかりません。抽象的なことを言ってわかったように思うのです。チョンマゲと刀を取ったのはよいが、それについた、いっさいのものを旧弊とか、天保銭とかいって、捨ててしまった。昭和のはじめごろまで〝尖端を行く〟という言葉の流行したころまで、新しいものがよいものと思っていました。しかし、このほうは、むしろ論理一貫しています。

ところが今日のごとく、古い日本の在来文化は捨ててしまえない、新しい文化は不完全なものです。それを誇りとしていたフランスはあの通りだということは、概括的にはいえますが、これからの文化をになってゆかねばならない者は、もう少し具体的にならないといけません。ある時代は、むずかしいことばかり言っていればよかったかもしれませんが、もう少し無邪気になって、はっきりみせなければなりません。比較的新しい文化の中で、いい部分を選択してやるという段になりましても、昔と今の違いの理由を説明してやらねばなりません。これが私どもの久しいあいだの心掛けであります。

知りたいと思うなら、わかる状態にもってきておいてこそ、学問に対する信用があるのです。今までは、それが言えないから、できるだけ「これだけはわかっています」「これだけはわかっています」等々と申してきました。私は年長者で、いつのまにか中心のようになっていますから、自分の手柄話のようになってしまいますが……、議会なんか、代議士が「わが国の農村では云々」と言いますが、あれは、自分の村だけなんです。民俗学は主として、この今が昔と違う、どの点が違うか、もとはこの生活がどうだったかといえる仕事をやっていました。学者の中では笑いますが、そうした仕事を採集といっています。これが、はやってまいりまして、後からこのことは申しますが、材料の洪水なのです。同じならば、ちっともかまいませんが、少しずつ違っています。今から六、七年前には、ここに列記したような材料が、地方から非常に寄ってきました。こんなことならしょうがない、多くの人の学問にはできないから、最初にやったのが民俗語彙です。

言葉で整理するのはいろいろ問題がありますが、正月の一四日に火を焚きますのは、いろいろ地方によって違います。こんなものを集めて、たとえばオニノヒならオニノヒを集めてみると、だいたいを通じて一陽来福して暖かにならねばならぬときは、火を焚いて、これから働こうというような気持ちが感じられる。こういう本を、学校なら学校へ置いておけばわかるような仕事を、我々がはじめましたところが、充分それをやってしまうまでに、どうも一生の間は足りないような気がしまして、問題別にして一部分ずつを出しています。これは世の中に対するかなり具体的なものです。何しろ後から後から材料が増えてきますので、少しずつ作っておきますと、すぐさま売り切れてしまいます。今、出ているのは、歳事習俗・婚姻・葬送・分類農村・居住・産育等九つばかり出ています。それをみますと、つまり、今日の生活、我々の現代文化と過去文化の違いがわかります。昔のまんまでおれなかった理由までわかるのであります。

その中で、いちばんよくわかるのは、婚姻の問題です。少し郷里を離れて、他人の中にまじり、新しい家庭を組織しようとする人は、ことに迷うのであります。私どもでは、女の子ばかりなので、夜も眠れないほど心配になることもあります。昔もこのように心配したのであろうか、もしくは、すらすらと幸福になれたのであったろうか、それなら、今はなぜできなくなったのか、同胞日本人のために、もっとも幸福になるためには、いかなる国の制度なら良いのであろうか。現在は結婚奨励の時代で、集団結婚までやりだしたが、どういうふうにして、もっとも自分に適した人を選択したらよいか、その道はないのであります。私は、いやしくも過去の知識をもって、現代にのぞむのだと自称するのならば、まず私自身この問題を解決しなければならないと考えました。そして、できるだけ昔のことをわからせなければならぬと思いまして、調べていましたが、やがてこの仕事は本になって出ます。

以前はどうであったか、それを調べるには、民俗学の方法は、都会の中枢部より一段と辺鄙な地方の習慣を調べて、それに似たものを方々から調べ、できるだけ辺鄙な所・辺鄙な所と尋ねて行きますと、だんだん体形がたどれるのです。仲人が全責任を負って、かならず幸福になれるように苦心して一緒にする。ただ今の東京の婚礼などは、すっかり用意ができてから仲人を頼むのです。だれが婚礼を決定するか、現在の婚姻文化のままで永遠に続けてよいのかどうか。ここで、昔と今の比較をしなければなりません。地方を平均に調べなければなりません。

葬式だって今のままでいいわけはないのです。数字で計算してもわかるのですが、このままでは全国の地面が石碑で埋まってしまうのに、どうして気がつかないのであろうか。一人に一つの石碑を建てるようになったのは、日清戦争以後のことでありまして、あまりかわいそうだというので、そうなったのです。それ以前は、そういう習慣はありませんでした。国土経営と申しても、葬制まで考えなければできないのです。九州のように、甕に入れて、あとでこわされてしまうようにでもしなければ、このままでは結末がつきません。だから、日本の文化は葬制に関する限り、よくはなっていないのです。

こういう心持ちで、全国の今までの経過を後づけていって、それを知ったあげく、計画をほしいのです。これはやはり個人の力であります。現在、これほど統制のよくできた時代でも、まだまだ大きいところが抜けている。個人・個人の判断の基礎をあたえないで、判断させると、自由主義の弊害があらわれてきます。時代のシーソーゲームではいけない。我々の将来の文化を正しくしようとするならば、批判する前に、まず事実を知らなければなりません。日本人が、二六〇〇年の間、今と同じようにしていたとするならば、これは大問題であります。

昔から、禁酒運動に対する酒屋の合同しての反対は、御神酒《おみき》をどうするかということですが、まず、昔から酒は今のようにいつもいつも飲まれていたか、もしくは、今のようにうまいものであったかということを知らなければなりません。こんなに酒のうまくなったのは、百年前からです。昔は酒を飲むと、かならず頭が痛かったもので、酒飲みはへどを吐くものでした。近ごろのように、いろいろな名目をつけて酒を飲む飲み方はいつごろからはじまったか、民俗学でなくてはわかりません。昔は、お祭りのときだけ飲んで、次の日はカメノコを飲むだけであったのです。以前の生活は、今のようではなかったということを皆に知らせることができたならば、こんなに大騒ぎをしなくてもよかったかもしれないのであります。

前代文化と現代文化の良否の批判ができない。言いすぎかもしれませんが、いやしくも文化運動をはじめる方々は、時代・時代で複合体で人間のよしあしによって、いろいろによくもあしくもなることを知らねばなりません。文化は批判しなければならないものです。これには古今の文化のよしあしを、批判しなければなりません。そのためには、図書館に何日もこもっていても駄目です。今まで我々が平凡であると思っていたことが、社会の激変で何もかも平凡でなく常識でなくなりました。私はまだわかりますが、せがれは、もう、一つ一つ説明して聞かせなければ、わからなくなってしまいました。私の若い時代には、何でもない日常の茶飯事《さはんじ》であったことが、私の後継者には不可解に感じられるようになっているのです。ましてや、そんなことを聞きたくないという人たちが、酢《す》だの蒟蒻《こんにゃく》だのというのはあたりまえであり、これをもっと具体的に言ってやらなければならないのであります。一地方の文化などは、およそたいしたものではないが、他の地方・地方をくらべてみますと、少しずつわかります。

私が若いころ、東海道の蒲郡《がまごおり》で、岡の上に立って、そこいらを見渡しながら、どうかしてこのあたりに全部電灯をつけ、瓦葺にしたいと思ったことがありましたが、それが一五年にしてもう全部そうなってしまいました。しかし、ちつとも明るくはならず、幸福にもなつていないのであります。「あそこではまだランプを使つている」などと人は言いますが、全国を見ますと、ランプ以前の、これは日本固有のものとおもわれる松の木を焚いている所さえあります。これを見ますと、ランプやそんな照明の歴史がわかります。地方だけを見ると、もう世の中があらたまつて、もとにはもどらんと思います。もどるもどらぬは自由ですが、昔をこんなにも知らないのです。

繰り返しますが、新しい文化運動の一つの相談相手としては、新旧優劣を示す学問に相談しなければなりません。私等の言葉で言いますならば、民俗学の、文化運動に貢献するところ大なるものがあると思います。九州は、文化運動の非常に熱心な所と不熱心なところがあります。…………」

なお本講座のために主催者側たる西部朝日新聞社では、左のような民俗資料分類なる刷り物を会員にくばつた。

民俗資料分類

第一部　有形文化（目で見る）　住居・食事・衣服・生産部門・農漁・林業・狩猟・交通・運搬・旅人・機関・連合・家族構成・厄・産育・婚姻・葬送・暦・年中行事・神

祭・舞踊・競技・娯楽・童戯・玩具。

第二部　口頭伝承（耳で聴く）　言葉・童詞・命名新語・新文句・諺・謎・民謡・語り物・昔話・伝統・世間話。

第三部　心意現象（郷人の感覚）　妖怪・兆応・卜占・禁忌・呪術・医療・幸福感・人の気質・道徳・教育・趣味愛憎・霊魂。

小倉の夜は寒い風が吹いて埃《ほこり》っぽく、先生の白足袋が、はっきり見えて痛々しかった。宿についても、今夜も咳は止まらない。先生の健康を案じながら、冷い床に入る。

小倉高女の講演と延命寺の昼食会（第六日目）
―昭和一六年一一月一八日―

午前一一時一〇分前、小倉高等女学校につく。講堂で約一〇人の生徒に、大要、左のような講演をごく気楽になさった。

「西洋間《ま》に畳を敷き、そこに椅子を並べ、和服を着て腰掛け、箸で洋食を食う。今の日本人ほど、考えようによっては、無茶苦茶の不調和な生活をしているものはないといえます……」

次に、昔からの日本の女のかぶりものの変遷を説かれ、

「これほど、埃の多い都会で生活しながら、あなたがたは帽子をかぶらないで生活していられるが、あなた方の一人・一人の頭のにおいをかがしていただいたら、髪の臭くない人は、はたしてこの中に何人いましょうか。汗もありましょうが、第一は頭いっぱいに四六時中かぶっている埃と塵があるからでしょう。これだけは、先生方にもぜひ考えていただきたいものです……」

講演を終わり、一二時半、延命寺で昼食。小倉の会員一九名参集。以下、先生の言葉をまじえながら、要点のみ記す。ただし、先生の解説と会員の発言との区別のはっきりしない部分がある。

◎物を二つずつ数えるとき、東京ではチューチュータコカイナというが、その諸例。

◎小倉でギッチョ、先生の郷里でタケガエシという遊び。

◎他郷の者が通ったあとは草が生えぬ、ということ。当地では中津者が通ったら、草が生えぬという。

◎家を留守にするとき、鍵をかける代わりに、表に何かもたせかけて置くこと。ミイゴト

という所もある。

◎嫁が逃げて行くことをホボロフル（安芸ではホボロクル）。ホボロフゴというに同じく、バラという所もある。柴田氏のほうでは、漁師が魚籠《びく》をバラという、ボラという所もある。

「安芸では、鰯を売るのに、ナンマンエ、ナンマンエンと売りに来るが、それはナマエであろう」

◎妖怪の話。カンスコロゲの怪、アカダガショウのこと。「今でも坂」「今にも坂」のこと。昔はここに化物が出たそうだなどと言って通ると、どこからともなく妖怪が「今でも……」と言って出て来る。そういう坂が、九州にはよくある。

◎唐津では、不精者をヒウミナカ。小倉では、ビッタリ、フユナイ、フヨウナイという。安芸では、フユヤマという。鹿児島では、フユシゴロ。なまけ者のフユシンというのと、冬のフユと関係があるかもしれぬ。東北では、カラヤミという（磐城相馬ではカラダヤミ）。生来身体の弱いのをシャバイということ。なまけ者のことをシマンタロといい、フウケモノ、フウケドンともいう（伊藤氏）。

「馬鹿は、ヲコからア列〜オ列の違いはあるが、ヲコイの変化だろう。ボッコ、ボクジャ（駄目だ、いけませんの意）、これと馬鹿は同じ言葉だ。ヲユタルなんかのヲコです。

発音の形がちょっと変わった。シコとはSで子音だから関係はない。BとWはしょっちゅう変わってはいるが、九州のバイは中央のワイに違いない。ヲコと（?）シコは対立するものではない、ヲコは擬語であろう。福岡県でヲコヲコというのは、驚く場合に広く使われている」

伊藤氏「私のほうの風神祭は竜王様で、六月一一日。七日にする所もある。ナコカンといって雨乞いに使う、鶏の頭をかぶっている。安芸では竜王様を祭っている。天狗の面をかぶったものは娘や子どもに、どんないたずらをしてもよい。コショウ、ナンバンを持って追いかけたりする」

「白い着物を着るのは、日本人はもとから好きだしずっと古いのですから、朝鮮人の白い着物を着るのと関係はない。また、日本人は、以前から二音節の言葉を地名に多く使ったらしい。サガ、ナスとか。だから、二音節でできた地名は古いように思うのだが、全国で一〇〇ぐらいもあるだろうか。日本人はどうも在来からの地名を使っているらしい。奈良県全部で地名を見ると、トサ、イナバとか日本全国の地名があると、奈良県に長くいた人が言っているが、だいたい日本人は、ここは甲という所だが、我々の気持ちでは乙とつけようということはしなかったらしい。もちろん例外もある。アイヌの名など、東北ではいくらもある。地名研究は同じ名を集めて地形をくらべてみる。ママは崖の所をいうことが、このごろわかりました」

会員の一人が、タカチホ、タカマガハラ等の語源論でしつこく先生にくいさがる。

「タカはわかっていますが、チホはわかりません。昔はHとKが非常に近かったので、沖縄で飯を食うのをカムというのはハムだと思います。山岳会の記録等を見ると、ごくわずかの人で地名をつけていますね。山の名なんて、山登りの人がつけた名がずいぶんありましょうね。タテイワ、タテイシ等の地名で考えるのは、昔の人が、これを無意識には見過ごさなかった証拠でしょう」

◎地名のエキという所、イッポテッポ、イッポレッポのこと。

◎熊狩の後の祭の次第。

「私の集めている草の方言は、三〇種くらいです。もっとも変化の多いのは彼岸花《ひがんばな》です」

◎イタドリの異名。

◎ものの自然消滅するのを、ミテルというのは土佐にまで及んでいる。

◎屋久島では、サルトリイバラの実を、猿を取る一坪くらいの罠《わな》に使う。

「それはおもしろい、はじめて聞いた、それで名前がわかったよ。九州のツルという地形は、いちど狭くなってまた広がる所をいうのだ。阿蘇嶽の周囲にも多い。田畠仕事というのとは別だろうと思います」

この会での収穫は、これらの知識のほかに、生まれてはじめてオコゼの味噌汁を馳走になったことであった。真っ黒で怪異な姿だが、味はなかなかおいしい魚だった。

午後五時五分前、朝日新聞社の貴賓室にはいる。雨もよいの曇りとなり、潮風強くなる。これより先、延命寺の料理屋から、宮本武蔵の碑のある高台に出て、間近い関門海峡を見下ろし門司《もじ》をのぞむ。今年の夏は、本州の北端津軽半島の小泊《こどまり》まで旅し、これで思い残すことなく学校を終えることができるような気がした。風強く吹き、寒くなる。六時一〇分、二日目の講堂にはいる。集まりがおそいので待つ。昨夜は三二〇名くらいだったが、今夜はさらに五〇人増えるという。朝日でも、盛況に驚いていた。今夜の講演要旨は、武田明さんが速記するはずなので、私は気楽に要点だけを記録した。

「九州と民俗学」（西部朝日新聞社講堂第二日目講演要旨）

――昭和一六年一一月一八日――

農村娯楽について。民間年中行事。小学校の行事教育。年中行事と信仰関係。ウシノヒサマ、ダイコクサマ、ヤマノカミサマ、稲の取り入れがすんでからの祭り、能登半島突端の例（アエの事）。小正月の晩は、九州では正月はじめに子どもが暗くなってから、お盆にめでたい物を出し、家の中からは餅を出す行事。カセドリ。タビタビ・トビトビ・タヘタヘとカセドリが言うのは、ストレンジャーがやってきて、我々は平和な交易を欲しているというしるしに言った言葉であろうと思う。

稲穂、粟穂・稗穂、大和三輪の田祭りなど、正月にやる農作の祭り。鳥追い、もぐら追い。復活しようとしても喜びますまいが、どんな気持ちでいたかだけは知らねばならぬ。農山人が楽しく世を過ごした気持ちだけは知りたいものである。

節日にともなう食物を作るのに関する民間文芸。言語芸術は、多くは神事・休日・節日に関連している。日本は、世界中でも豊富に文芸能力を持った国である。笠地蔵の話で、いかにも善人というものがどんなものか、しみじみわかります。蛇婿入りの三番目の娘の話を、七、八つの子どもがしんみり聞くのを考えると、いかに子ども心に作用したかわかる。たんに寝つかせるばかりでなかったことは、数多く読んでみればわかる。

こうした話から、ひどい状態の生活から、なお楽しみを作っていた昔人の中にも、自分の中から出た慰安があったんだということを知っていただきたい。

現代は新しくなりすぎた、古いものをかえりみるいとまもなく、自分の周囲を新しくしすぎたようであります。

九州の漁村の種々なる習慣について。『漁村民俗誌』『壹岐島民俗誌』『天草島民俗誌』、入来氏のサイノロジーサクゴロ日記、市場氏の大分県の郷土雑記、久保清氏の『五島民俗図誌』。

トクイの制は、漁村と山村の間につい最近まで保たれていたことがわかった。富山の薬売りのごときものである。

大隅の百引《もびき》のカド（隣組のような）の組織。

シヲテチヨ、育ちにくい子どもを塩売りのおやじに親になってもらう、もちろん親子関係はお得意になる。

『山村生活の研究』には、九州十ケ村が調査されている。

実盛さんは、滋賀・三重県を境としてそのこっちです。なぜ人形を虫送りに送るかは、わからなかった。実盛を殺した人形を作って殺す動作までさせる。日本では、からくり以前でも、人形を使っていた。単に、棒に顔を書いただけのものを使っていた。人形がからくりになったのは、江戸の初期、足利の終わりです。その前は人形を写実にするために、はりぼてにしたが、あれも新しくああしてから急に発達した。その前から人形を持って芝居をしていたことがわかる。そうした人形を（藁人形でも）人間を見ようとして作る。

我々の想像力を引き出すためのものでもあった。写実味のほとんどない時代から演劇をさせようという心持ちだけは、古くからあった。東北では目の不自由な女の人が、手に二つの木で作った顔だけを画いた人形を回わす語り物がある。私たちは、九州の実盛様と同様に考えている。これは二〇年間も、論争の的になっています。

このオシラ様という人形をもって、イタコがセンダンクリゲを語るもちかたを、同情の目で見ている。頭はたこ坊主のように包みこんであるが、こうやって回わしている間に、だんだん芝居の舞台でよく見なれている『おそめ・久松』『お半・長衛門』の恋愛ものと同じ型をやってイタコが語る。日本の芝居は、こんな変てこりんな、簡単なものでもやっている。我々のゼスチャーが自らそうなって、それが美しい型をやると、見物が見ていてその通りにやるようになる。それが歌舞伎の型になった。現代の歌舞伎は、反感さえ感ずる形だが、その中の伝統的なものは、人形芝居からやってきている。日本の芝居は、こうしたところに演芸味があったのだ。古くから我々のもっている木の棒は、顔もなにも描いていない。正月の棒の普及しているのは、カセドリのほかに嫁たたき・尻たたきの行事がある。とにかく、正月に子どもが二本の棒を持つと、その棒が呪《まじな》いのものになるのは全国的である。祝《いわ》い棒・コッパラ・ハラメンボウ等、いろんな名がある。その棒を持っていると、子どもが特別な位置を得る。一種の霊に憑かれる。東北では子どもが持って一年中の悪口を全部言う所があったりして、だいぶやまりましたが、飛島《とびしょ》のヨンドリ棒を持って、子どもが、人家の前にしゃがむと、その家の悪口を言ってよいといいまして、今でもやります。その棒の先に、顔が描いてある。それを見たとき驚いた。男女の顔である。今までのは飾りのついているだけだったが、それとオシラ様が非常に似ている。信仰の強烈なときは、顔がなくても人間ないしは神としてではなかったか。それが、少しずつ薄くなると顔が描かれてくる。日本の船は何もなくとも神の居ることを信じているのに、中国のは、いろいろ書いたり彫ったりしている。盾《たて》もまた南方へ行くといろいろ彫刻している、刀も同じである。想像をもって外形を作る。その外形を作らなければならない必要は、宗教上の力の衰えはじめたときから出てきた。小説のさし絵も同じである。あんな気持ちが代々の行為についている。もとはあんなことはなくともよかったんだろう。…………——以下略——

「九州と民俗学」（武田明氏の大要速記による補遺の部）

「九州民俗学」という雑誌が、かつて出たことがあった。関東と九州というと、民俗学の調査上、ずいぶん変わった土地である。

大和境の山村、八瀬大原などへ行くと、足利時代・室町時代のような気持ちのするところが多いのである。九州も、昔は一般にそうであったが、近ごろは近畿地方と同じような傾向になりつつあるが、九州は山地がなかなか多くて、そこにはいろいろな古いものが残っている。半日くらいも旅行をすると、そんなちょっと行けば行かれる所に、もう一〇〇年ぐらい前の生活と同じ生活をしていた人が残っている。ところが、関東には、もうそう大きい違いは無くなってしまっている。九州には、気をつけて見れば、まだまだおもしろい資料がたくさん残っている。

明治四一年に、政府の許しを受けて、九州の山村生活を見にいったが、そのとき初めて、焼畑《やきはた》というものがあることを知り、深い興味をもった。八代《やつしろ》から先の球磨《くま》という駅で汽車を待っていると、向こうの山に焼畑の跡がある。これが刺激となって、球磨郡の奥まで引き返し霧島へ行き、今度は宮崎県から椎葉村《しいば》（宮崎県東臼杵郡《ひがしうすき》）にはいって一週間ほど暮らした。

そこで、この学問が初めて洗礼を受けたわけである。そのときのことは、自費出版した（『後狩詞記』）。そこには、いまだにおもしろいことが残っている。あそこでは、山の狩人が巻き物を持っているのであるが、語り物と名づくべき山の神の話である。

その粗筋を述べると、大摩・小摩という二人の猟師が山中に行くと、山の神がお産をしているのに出逢った。「お腹《なか》がすくので割籠《わりご》の飯を食べさせてくれ」といわれると、大摩の猟師のほうは「これは潔斎《けっさい》をして作った弁当だからあげられぬ」といって立ち去ってしまう。小摩の猟師は、血の穢《けがれ》をもいとわずに、自分の割籠の飯を山の神にさしあげたので、これから先、狩の獲物がいつでもあるようにしてくれた。この話を聞いてきたときは、明治四一年のことであったが、その後、秋田県の根子《ねっこ》のマタギの語り物にも、同じ話のあることがわかった。秋田の根子では、九州の大摩・小摩が、万治・万三郎となっているのである。一人は自分の穢をもいとわずに、ご飯をあげたので、末永く栄えるのである。根子と椎葉の、この狩人の伝承のいっちは、いかなる理由によるものであろうか。この伝承は、三河《みかわ》および下野《しもつけ》の山の中にも残っており、中世の『義経記《ぎけいき》』にも荒乳山の伝説となって存在しているが、中世の文学が、すでにいかなる理由でこんな山の中に伝わっているのか、これは大きい問題であろうと思う。

もう一つは、椎葉では狩人が山にはいるときに、ヲコゼを持ってはいることである。「ヲコゼを見せるから獲物を得させてくれ」といって山の神をだます。そうすると獲物がたくさんあるという。このことは『後狩詞記』にも書いておいたのであるが、これは各地にあり、やがて日本全国にあるふうだということがわかってきた。所によっては、鉈《なた》を無くしたというときにも、山の神に、このヲコゼを見せるのである。紀州の話は極端で、棒の先にヲコゼをぶらさげて持って行くのである。所によってはまた、山ヲコゼは海の猟に、海ヲコゼは山の猟になどといわれているのであるが、このヲコゼが、なぜ、山の神の好物であって、しかも狩人がこれをよく知っているのかは、おもしろい問題である。

南部九州の山中、椎葉の伝承が全国にあるということになると、いったい、いつごろからこの信仰があったのであろうか。日本国中に、なぜあるのか。私が民俗学に興味を持つ刺激となったのは、こうしたことであった。とにかく、そのときが境で、それまでは私は、農業経済をやろうと思っていたのだが、山村にはいったのが動機となって、ついに私にとっては永久の刺激となったのである。

それからもう一つ、猪を捕って殺したときの偈《げ》一言に、

今日の生神三度三代、ケクニュウの神、山の神、東山カウソが岳の猪の鹿も、
角を傾けカブを申受、今成仏さするぞ、南無極。

というのがある(今野注、この偈の分は、武田氏の文では抜けていたので『後狩詞記』から転載した)。これも椎葉の狩の口伝《くでん》の中にあるが、東京付近の秩父の山中でも、これをとなえるのである。諏訪の神は、以前は狩の神様だったから、この唱え言は、諏訪の物語の中にもある。そこでヲコゼや山の神とは違って、これは諏訪から出ていることがわかった。諏訪中心があったのである。しかし、これがどうして九州にまであるのかはわからない。諏訪権現《ごんげん》は、九州にはかなりたくさんある。以前、諏訪の信仰を持ち運んだ人があって、諏訪の文化が、九州の山中の狩人の望みを大きくしておったのである。諏訪の神人《じんにん》が、全国を歩いていたという記録は無いのであるが、諏訪様は方々にあり、東京にもある。日本の古代というものは、平凡な歴史家の想像しているところでは、平家滅亡のために、関東の武士たちが、いくぶん九州に移住してきたということだけしかわかっていないのである。要するに、九州の文化に中部の文化の分子がはいっていることだけは、これをもってても知ることができるのである。私どもは、その後、機会を逃さなかったので、九州の椎葉の山村の伝承を、いつまでも味わうことができるのであるが、ヲコゼと山の神のことは、本(『山神とヲコゼ』)にしたが、どうしてこうなったかという結論は出さないのである。

我々の現在やっている採集事業というものは、おおよその程度であって、今後の人々に安全なる事業として、今までの採集を残しておきたいと思っているのである。信仰はかなり大きな人生の指導力である。ある時期に、勇気づけられて生きるための手段である。そしてそれは、一つの文化現象である。その後は、何度もはいってくることはできないが、この気持ちが皆に伝わっているためか、九州のある区域だけは、かなり興味を持って他の人に見られているのである。近い所との共通点、たとえば、長門の国などとのいっちは不思議ではないが、ずっと離れた東北とのいっちなどが想い出されると、この学問はもっと興味を持たれ、繁昌するに違いないと思うのである。これは、熱心であっても、なかなか知りがたいことであるが、私が今でも興味を持っているのは、言語の現象である。言語の共通性ということは、生活の他の部門との共通性を意味している。国の東北と西南、という言葉を用い出したのは私であるが、この東北と西南との間に絡点が見つかったならば、日本民俗学はもっと興味の多い学問となり得るだろうと思っている。

椎葉の話は、似通っている例の一つであるが、最近の、私がいちばん愉快だった例を申しあげると、方言区画説というものがあって、天竜川と信濃川との線を引いて、両側で言葉が相違しているということを文部省で言い始め、後になって方言区域の説というものが起こってきた。そこで、東北と九州は関係は無いのだろうと言っていたのであるが、じつは、そうでなかった。たとえば、長崎のバッテンは、鹿児島でもバッテンといい、これは九州の西半分の特徴と思われていたが、秋田県にもバッテンはあり、佐渡でもバッテン、東京でもバトテモと言っているのである。こちらでは、行くバッテンなどと使うが、北のほうではバッテンに続く形が違うのみである。つぎに、蝸牛《かたつむり》の方言、玉蜀黍《とうもろこし》と蕃椒《とうがらし》の方言を調べてみると、文化の中心地であった京都なんかでは、そこから言葉が地方に向かって押し出される力があるから言葉は変化してしまっているが、遠隔の地方ではいっちが見出されるのである。日本が、もし円い国であったら、円くひろがっていたであろうが、細長い国だから、端々のいっちが見られるのである。このような気持ちは、他の生活文化にもあって、世の中は、かならず中央から改まっているから、このような傾向ができてくるのである。文化の浸潤のとどかぬ土地には、古いことが残る理由である。

文化現象というものは、一地方だけを見ることがいかに危険なものがあるかは、これのみをもって考えてもわかることである。珍しい生活様式ということは、全国の比較を重ねて後、初めて言い得るのである。潮水のことをニゴシというのも、東北と九州でいっちしている。カケ竿をナガシというのも、九州にあって関東以北にもある。日本は南から北にひらけていったのであるから、この辺は古いなどとは言えないのである。それよりは、元は同一の言葉を持った文化があった。九州は中央からは遠く、東北と同じように、新文化の影響を受けていないものを持っているはずである。距離と交通の難易によって、文化伝播の速度が異なってくることを考えなければならない。九州には、もう少し古い日本の生活が維持されている所があるに違いない。新しい時代の家族の心持ちの相違が、日本の文化を複雑にしている。新旧の相違は、これを外形から見ると著しいのであり、一族一村に新旧雑居している状態こそは、日本の民俗学研究にとって、もっともよい資料を提供しているのである。

このすみやかな新文化の足取りの一面に、人の見つけられざる者の埋れた生活があるのであって、これを明らかにしないのは残念なことである。少なくとも、この学問の良さを利用して、何らかの新しい利便を提供するのだから、これを利用してゆくようにしなければならぬ。これを利用せずんば、何らの伝統も持たぬ国民となってしまうのである。どうか、この文化運動の勃興とともに、この学問の繁昌を祈る気持ちになっていただきたいものである。

九時五分前、講演終わる。
一同と別れの挨拶よろしくあって、宿へ帰り、おそい夕食を取る。一二時、床に入る。
雨ぱらつく。明朝雨ならば、武田さんは、ここから別れて一人で帰るはずなので、二人で晴天を祈る。少し風邪気味なり。

小倉から熊本の宿へ（第七日目）――昭和一六年一一月一九日――

上々の天気。雨あがりで、昨日までの小倉とは思えぬようなすがすがしい朝。七時半、朝食。

「私たちの小さい時分は、ヤマブシノホラノカイと、一つ一つ教える教え方をしたもんだ」

八時四九分、曽田安広氏らの見送りを受けて小倉を発つ。

「この辺はもと一面の草原や畠だった。青木（直記？）君が豊前の十三塚の編集をしたころは、十三塚がたくさんあったんだね。それが、こんなになってしまったんだ。生活のためとはいえ、よくこんな所に住めるもんだね」

万葉の芦屋《あしや》の浦、鹿児島本線黒崎駅を過ぎる。

「ここは、昔から芦屋の浦をひかえていて、古くからあった町だったらしい」

一一時八分、二日市着。ハイヤーなくバスで太宰府《だざいふ》へ。梅ケ枝餅一個三銭なり。昨夜、夕食にと作ってくれたパンをここで食べる。先生は茹玉子《ゆでたまご》を一つ召しあがった。茶代を入れて二円也。お土産にと、竹製の小さい玩具の下駄を、お孫さんにと買われた。太宰府でゆっくり広い境内をみているうち、一時一〇分のには間にあわなくなったが、ハイヤーを飛ばしてみる。ここで武田氏と別れを惜しみ、その車で引き返し、九鉄の準急で大牟田《おおむた》へ急ぐ。一時一〇分発のに追いつくつもりであったが、柳川の先でクロスしたのであきらめてしまった。

「あんなふうに、女竹《めだけ》か篠竹《しのだけ》らしいが、一群ずつ茂っているのは、この辺だけの特徴なんだよ。あれがねえ、古処山《こしよざん》という山だ。あの下が秋津（？）という所で黒田家の別れだ」

二日市九鉄から七分くらい、電車の向かって左側。

「これは省線と競争してできた電車なんだが、これで追い越してしまったら愉快だね。あれはお茶だ、お茶を作っているんだ」

ハゼの葉が紅い。山は青々としている。ようやく、南なるかなという感じ。日射しがむしろ暑い。筑後川を渡る。

「あれは〝台湾なぎ〟というんだが、ちょっとでも種があると、すぐはびこって簡単にくさって沈むので、水路をふさぐことおびただしい。銀座あたりで、僕らの若いとき売っていたもんだが、あんなに増えてしまっている。何とかして根を絶やさぬと今に始末のしようがなくなるね……。あっ！　カササギだ。朝鮮烏《からす》なんていっているが、この辺にきりいないんだよ」

大牟田市に着く。ごみごみして、兵隊のたくさんいる所だ。一時間以上もあるので町をぶらつく。㋳というデパートにはいる。三時半までねばるつもりで、二階でコーヒーとフルーツを頼む。

「これはチューリップのコーヒーらしいね。しかし、これほどコーヒーばなれのしたコーヒーも珍しいね。こうしたのが旅というもんだよ」

先生は、いかにものんびりと楽しげに見える。ここまで来て、私は、はじめて誰も知ったもののない土地へ来たような心安さを覚えた。四時五分の汽車八代行に乗る。南関、三池行等のバスは、ここから出ている。南関は、能田太郎さんの郷里である由。この地に会員が三人ほどいて、この前、小倉に来られたときには、その中の一人が小倉まで出て来てくれたなど、話がはずむ。

「これが雲仙《うんぜん》だよ」

はじめて見る有明《ありあけ》の海。大牟田市には、有明町不知火《しらぬい》などの名があった。有明湾は引き潮で、黒い船がいくつもいくつも夕陽を浴びて浮かんでいる。別府からこっち、いたる所で紅葉しかけた美しいハゼの木が多い。そら豆を多く作っている。ちょうど今、三寸くらいの若苗である。

「大牟田の町は、下からずっとこの辺、石炭があって掘っているもんだから、しょっちゅう土地が沈んだりして、建てつけが悪くなったり、家が曲がったりする。そういうとすぐ損害は賠償してくれるんだが」

こんどの旅行では、何でもないことのようだが、どこまで行っても、どこまで行っても、人の住んでいるのが不思議でたまらない気がした。運送人夫が下着一枚で、顔の汗をぬぐいながら働いている。真っ白の制服を着た女学生をたくさん乗せた門司行の電車と、高瀬駅ですれ違った。雲がたくさん出て、次第に暮色が濃くなっていく。ハゼの葉が紅く鮮やかに見える。午後四時半、つぎは肥後伊倉《ひごいくら》という駅である。銀杏《いちょう》の葉がすっかり黄葉して落ちかかっている。野菊がたくさん咲きみだれ、柿の葉はすっかり落ちて、実だけがなっている。炊煙を上げて、静かに暮れてゆく民家のあいだを、汽車はそっと走って行く。〝木葉《このは》〟という珍しい駅あり。西南役の田原坂《たばるざか》激戦地のある所と、名所案内に出ている。小さい藁屋《わらや》が多くかたまっている。五時、深い山間にかかる。分水嶺らしい。この辺一帯は、西南戦争の古戦場である。

熊本が近くなった。車内に電灯がつくと間もなく下り坂になり、植木という駅につく。

山鹿温泉という所へ別れる線がある。真っ黒な牛を乗せた四つの貨車が、鳴きながら揺れて行くのとすれ違うと、やがて、上熊本である。うすら寒くなり、襟巻をさしあげる。この辺は山々に真竹《まだけ》が多く、篠竹が野をおおって生え、百姓屋で焚く火がちろちろとあかい。熊本市に着く。ハイヤーで手取本町の研屋《とぎや》支店へ。古くがっしりした城下町の旅宿にふさわしい家である。西鶴の肥後《ひご》芋茎《ずいき》というものをこの旅館の玄関わきの陳列窓で初めて見た。先生が真面目なお顔で説明してくださるのには返事のしようがなかった。

風邪気味で苦しい。三四番の大きな部屋の一つ。熊の皮が部屋いっぱいにひろがっている。風邪をなおすようにとすすめられて、今夜は私のほうが先生の何倍か日本酒を飲んだ。小さい部屋を作ってもらってさがる。

熊本から長崎へ（第八、九日目）——昭和一六年一一月二〇、二一日——

先生のいいつけなので、午前中、熊本城・水前寺公園などをひとりで見物。正午、研屋に帰る。一時から熊本医科大学で講演。〝群と道徳〟という演題で、「昔の道徳と今の道徳」「忠孝等の文字のないときでも、そんなモラルがなかったと考える人はあるまい」「法律にあらざる群の一員としての道徳」「諺」「村ハチブ」などの話。三時一〇分前に終わる。

医大の車で、藤崎八幡（国幣小社）、三賢堂を案内してもらう。三賢堂のモミジは充分眼を楽しませてくれた。これは、ご当地出身民政党の安達謙蔵氏（一八六四〜一九四八）の建てたもの。四時過ぎ帰館。五時四〇分、隣の静養軒で医大の招待あり、先生一人行く。私は、その間、賑やかな街を見物に出かけ、散髪し、ニュースを見、お汁粉を食べて帰り、一一時半、別間にさがる。風邪重し。

一一月二二日は、朝から小雨。九時二分、佐賀線経由長崎行。先生は、昨夜静養軒に襟巻を忘れてこられたので、電報を打っておく。

「同じ道だが、一昨夜とはだいぶ違って寒いね」

先生はほとんど口をきかず、第三冊目の民俗学会報を読んでいる。一一時三分、矢部川着。同三〇分発、佐賀行のガソリンカーに乗る。蝿の非常に多い、いやな匂いのするガソリンカーである。乗客はみな土地の人で、さかんに方言で話している。先生が、駅売りのナツマメというのを買う。

「なんだ、南京豆かと思ったら、こんなやつか。これがわからないんだから、よほど目が悪いんだな」

「眼鏡を取っていらしたからですよ」

煎ってからよほどたったとみえて、みな虫がわいていたので、二つ、三つ食べてやめた。

先生、九州日報・福岡日日をお買いになる。正午、筑後川を渡る。河巾広く、帆船多し。

一時一五分、佐賀に着く。待ち合わせ時間四七分。

「パンもお菓子も何もない。煙草だってここにはないよ。佐賀ってとこは、もともと質素な所なんだよ昔から。服装を見てもわかるだろう。靴だって、はいている人はいない」

これは、待合室でのやつ当たりのお話である。

「所によって、いろいろですね」

「全国の市の中で、藁葺のある所なんて、佐賀だけだからね」

これも先生のやつ当たりで事実に反する。プラットホームで、先生がちょっとのあいだ口笛を吹かれたのを聞いてびっくりした。珍しいことで、はじめてである。

「君は、撮れる所でカメラを出さないで、撮れない所でばかり残念がっている。きようなど、矢部川のあたりからいくらでも撮れたろうに、ここでだっていくらでも撮れるのに、しまっちまって。鞄なんか赤帽にまかせておればいいんだ。写真機ばかりに限らないよ。注意していれば、いろんなことがわかるんだ。さっきだって、電車の中で向かいの客が「ここに生神様《いきがみ》がいたっちが、どうしたかね」なんていっていたろう？　この辺のあの稲を積んでおく形だってそうだよ、この辺だけなんだから」

きょうは、ご機嫌がお悪いらしく、次から次へと叱られてばかり。若い私だって、疲れが出たうえに風邪で気分が悪いのだから、先生も旅のお疲れが出たのだろう。それにしても、お小言の連発である。しかし、おっしゃることが、一つ一つそのとおりなのだから、ただ恐縮するほかはない。やがて、私の気を引きたてるように、

「食堂がすいているよ」

と気分を変えられて汽車の食堂にはいり、ビーフ・カツとカレーライスを食う。パンもご飯もないので、やむなく食ったカレーライスであった。果実とコーヒー。

「これは何のコーヒーだい。これもチューリップか？」

「おいしいですね」

「うん、すなおな味だ、香りはないが。見たまえ、今はほかにほとんどないが、ここだけなんだ、稲を刈って田の中に積んであるだろう。穀倉なんだね田が。この辺の家は、かたかなのヨの字型になっているのがある、これこそ、もうほかには見られないよ。コの字型は関東にはないとはいえないが、どうしてなのかね。こんなにヨの字型だったら、角《かど》がくさるだろうに。「民家」という雑誌にくわしく出ているんだが、中がどうなっているかわからないんだ」

食堂で、私のためにヒカリ（煙草）を一つお買いになって、五〇銭札を出しておつりを取らない。そして、それを私にくださった。これは、こんどの旅行で気がついたことの一つだったが、今は食堂であったから外国式にこうすべきものかもしれないけれど、銭の使い方が私たちとはずいぶん違っている。一つ一つについて伺いたいとは思ったが、また叱られるのはいやだからだまってそのままにすぎた。

「この辺の山の向こうだよ、橋浦（泰雄）君らの調べたキョウギという村は。だいぶ古い生活がいろいろ残っているんだ」

ときどき雨降る。三時一分前、諫早《いさはや》を過ぎる。

「諫早で、どうしてあんなに客が降りるのかね。あんなに降りるわけがないんだが。……あれが大村湾だ。この山を越えると、もう長崎湾になるんだ」

汽車は、ずっと海岸にそって走り、風光明媚なり。

「佐世保へ続いているが、ここまできているんだね。一〇里以上あるね、きっとこの湾は。もとは島だね、きっと」

「景色のいい所ですね。生まれて初めてこんな明るい静かな海岸の景色を見ました」

「そうかね、それは良かった。蜜柑《みかん》があんなになっている。きれいだ。昔も、一一月に来たことがあったが、こんなにきれいだとは知らなかった」

「汽車のお客に見せるために、わざわざ作ってくれたようですね」

「ほんとにね、花壇みたいだ。あれは君のほうには無いだろう、袋を作る、たしかマオというもんだよ。麻の字に黄色という字を書くんだ、たしかそうだよ」

汽車は長崎へひた走り、時雨しきりに降る。三時三〇分、小雨降る長崎に着く。駅前の案内所からハイヤーで炉粕《ろかす》町七、諏訪荘旅館（経営者、田中ヨネ）につく。挨拶にきた女将《おかみ》は「永見さんの別荘を買って、旅館をはじめてから五年になります」という。私の同級生の永見君の一家である由。なるほど自分の家に帰ったような感じがする。この宿は、諏訪神社の下にあり、長崎の町が部屋から眺められる。百舌《もず》が庭先に来て鳴いている。雨止む。

「これじゃあ、明日はお天気ですよ。私の村には、翌日の天気をあてる百姓がいるんですよ。読売新聞でしたか福島版に特種で写真が出ていましたが、あんな親父が、と思うようなおとなしい平凡すぎる人で、もと区長などしていた天野という爺《じい》さんですが、村では、別に重宝も何もしてなかったんですから、多分半分以上無理してでっちあげたんでしょうが」

「尼の婆さんで、明日の天気をあてる有名な女がいて、殿様が「そりゃあ感心だ」と呼び出して占《うらな》いをさせたら、ちっともあたらないてんだ。どうしたわけかと聞いたら、今日は新しい腰巻をしてきたからあたらなかったって話がある。古い腰巻のしめり加減でわかるんだそうだ。この話は方々にある話だ」

と、さもさもおかしそうに笑っておられた。先生、風呂にはいる。

「伊藤一郎という人に会ってやりたいんだが」

と電話帳を調べたがわからず。

「公開の講演ではないので、土地の新聞には出ていないらしいから、望みはないね」

夜、お許しを得て長崎の町を見物に出た。柳通り・大徳寺・丸山《まるやま》など、賑やかな充実した街なり。夜の長崎の眺めは、灯がいっぱいについて、夢のように美しい。平らな土地がまことに少ないので、限られた土地に商家が集まり、その富を誇ることになるらしく、ここにくればすべての用はたせるようになっている。他は、次第に山の中腹から頂上に向かって住宅を造っている。だから庭というものはほとんどない。丸山はこれがそうかと思うほど、鄙《ひな》で古さびれた所。夜九時一〇分前に宿に帰る。

古典の新しい意義（第一〇日目）——昭和一六年一一月二二日——

午前中、暇をもらい再び柳通りに行き、先生の絹の首巻きを買い、崇福寺へ。寺内から上へ上へと登り、風頭山を縦断し、諏訪荘の正面に出た。こんな山の頂上によくもまあとまったく奇異に感じるような高い所に、なんでもないように人の住む家々があった。他所者が訪ねる家もないのに通るのが我ながら変な心安からぬ思いである。商家はもちろんそんな所には一軒もない。この山の上から長崎全市一望のうちに眺められる。先ほどよくわからなかった出島は、この上から見ると扇形になって地形がよくわかった。なお、この朝は出掛けに伊良林町一の七八、伊藤一郎氏宅を訪ね、先生がお目にかかりたい由を伝えた。伊藤氏は長崎唯一の会員（民間伝承の会）である。長崎医大に向かう。昼食は宿で長崎チャンポンというのを食べたが、ちっともうまくなかった。なるほど、聞けば名物だという。午前中、武藤長蔵という博学者来訪。その他、前夜医大の世話役の人たちが来た。長崎医科大学の文化講演は、一時二〇分から。

古典の新しい意義

「古典の国言葉は、今は使っている人は少ないが、だんだんと帰化して多く使われるようになるでしょう。現在、古典には二つのくいちがった意味のあるのは、困ったことです。日本語を良くするためには、個々の一つ一つの言葉を、できるだけ内容を正確にしておかねばなりません。昔は、漢字のできる国学者くらいきり、古典の語は使いませんでしたが、明治になってから、古典考究科ができました。その範囲は、平安朝初期までのもの、『延《えん》喜《ぎ》式《しき》』以下の記録、『和名抄《わみようしよう》』以前などが古典でしたが、日本の書物では、もっと難解なものです。その中で近ごろ読まれてきたのは、『古事記』『六国史』『万葉集』などです。だいぶおくれて、西洋人のクラシックを古典と訳すふうがおきて、若い人にもてはやされました。翻訳語というものは、たいていそのときに間に合わせに作ったものです。一つの定まった内容をもった古典に、異なった内容の言葉を同じ語に訳したのですが、混乱はまぬがれ得なかったのです。クラシックの古典と、国学者の古典との差は、西洋のと日本のとの差だけではありません。クラシックは上流の人間の教養としての読み物という意味があります。文芸復興以前のクラシックは限られていましたが、ギリシアやローマ人の書いたものであって、それを読んで知っていることが有識階級でありました。ルネッサンス後、僧侶らの干渉を排して、クラシックなら何でもよくなって、その範囲は非常に広くなりました。職業は何であろうとも、教養ある人にとって、読まねばならぬものがクラシックでした。クラシズム（古典主義）であって、一つ一つくわしいよりは総合せらるべきものでした。全体にゆきわたっているギリシア人らしさ、ローマ人らしさを会得することであったのです。ところが、日本の古典には、こうした総合されたものはありませんでした。昔は、これだけは読んでいなければならぬというものが、少なくとも二〇や三〇はありましたが、このごろは、数を少なくしてきました。この点が、かなり大きい違いであります。

もう一つもっと大きいことは、近世の賀茂真淵や本居宣長ら国学者の先祖は、我々の教育には少しも関与していなかったということです。かなり学問があるといわれている人でも、古典というものは読んでいませんでした。『万葉集』研究史等をみると、『万葉』だけを読んでいます。『万葉』の歌を読んだ人々のつくっている社会と我々との違いを考えることがいちばん大切なのに、こうした点を考える人が少ないのです。言葉の詮索《せんさく》等が大部分を占めている有様です。しかし、それも仙覚以後のことです。また、『六国史』も今日読まれていますが、人々の読むのは『日本書紀』だけ、それも足利・江戸へかけての研究は、その中の神代の巻だけです。神道家が盛んにそれをやったので、一般ではまるで神道のお経のように思っている人さえいます。それ以下のは、ほとんど読まれていません。

『日本後紀』などは、完全なものはまだ出てきません。家康の晩年の仕事として、ともかく今までの写本を二〇〇部か三〇〇部ずつ木版にしました。しかし、我々は田舎にいまして、読みたくとも五里、一〇里の間には、『六国史』などはありませんでしたから、孫引き、曽孫《ひこ》引きで読みました。朝日新聞社で『六国史』を出したのは、だから画期的事業であったのであります。

これを研究するには、学者を育てなければなりません。古典というものと我々の生活の親しさという点で、西洋のいわゆるクラシックというものとは、かなり違ったものがあります。日本では、古典で我々の教養を形づくられていなかったのです。プルタークの英雄によって養われた生活は、今日までのヨーロッパの文化層を作っていましたが、日本では古典によって養われることは許されていませんでした。手にはいらなかったのです。今日、西洋の教養ある人、古典によって養われて今はふりすてている人と、祖先以来、古典というものに全然なれないできた日本人との間には、かなり違うものがあります。たとえば、キヨサ、タダシサというものを考えるとき、外国人は子どものころに読んだプルタークの誰々などをすぐ思い出します。だから、日本の中世史と外国のとの似ているのに驚いている人がありますが、古典に関しては、中世文化史の大きな相違があるのです。日本では何を読んだか、江戸時代は経書です。これは、その前もはいっていました。鎌倉・足利以来やはり仏書に傾き、また、種々の知識の教育を受けています。白楽天の詩文集や文選《もんぜん》など、中国の文献です。仏教書と中国の文芸書の影響がありました。そういうものが、我々の教養を高めていたのです。善悪の問題では言いません、とにかく違っているのは客観的事実です。

ちっとも違わないじゃあないかという人があります。天竺や古代中国でちっとも日本のことを考えないで書いた文芸書や仏書を読むのは、外国人がプルタークなどを読むのと同じではないか、という人もあるが、これは中国と日本の交際と、外国とそれらの国々とは違うのです。ところが、ヨーロッパでは、江戸時代のお大名が社会を争っているように、政治上では違うが社会としては同じであって、中国と日本のそれとは違うのです。ちょうど、日本で漢字さえ読んでいれば学問であると思うように、西洋ではクラシックさえ読んでいれば教養は充分のように思っていました。中国人の中には偉い人が出ていますが、中国人全体は全部が尊敬に価いするとはいえません。ヨーロッパでは、ギリシア文化の考え方や仕方を非常に尊敬しています。日本ではこれではいけない、自分自身の古典のようなものを考えなければならぬということになりました。過去の文化というもの、それは書物の形になっている国は少ないのです。一九世紀の末から、北方文学の研究がヨーロッパで盛んになっていましたが、これは大きな文芸が書物の形でなく伝わっていました。Saga

は口伝えでした。アイスランドの島に、その根幹は保存されていました。一一世紀のものであり、一三世紀から一四世紀ごろにまとめられました。できごとのあったのは、奈良朝時代です。神代のサガがあり、その後、人間だけのサガがあります。空想や小説ではなく、一九世紀（?）ごろまで事実あったことを、口伝えで覚えていたと思われ、現在あるのは二〇ほどの武士の物語りであります。どこまで事実か、どこまで信仰かわからないところもありますが、じつに、日本の古代もかくやあらんと考えられます。じつに簡単な文章で書いています。ヨーロッパでも、中世は古典の書物になっていないだけで、暗黒時代では決してなかったのです。

もう一つは、わずか五〇年前に、フィンランドのドクトル・レンロードが発見したカレワラであります。少しずつ少しずつの口伝えを集め集めして、行数にして十何万行です。少なくとも千年以上の間、昔のことが口だけで記録されていました。日本はフィンランドのような情けない状態ではなく、千年以上も大切なことを書物に書いておかれました。しかし、一方の古典にあるものを暗記していれば、それ以外のものを探さなくてもよいというように考える弊害は、きわめて多かったのです。日本の古典の、文学にあらわれざる古典、実質上の古典が、非常に多く残っています。しかもそれは、身に近いのです。文字の教育を受けぬ多数の人々は、自分の昔から伝えられた実質上の古典で、彼らの教養を得ていたのでありました。三輪山伝説などはこうして伝えたもので、こうした古典は非常に多いのです。豊後のはことに有名です。家の起こり、世の中に誇ってもよい、そしてその特権を世の中に使ってもよいというのに、半分神様の血をわけているという気持ちで、神聖な神様と家の祖先との連鎖を誇る気持ちは今でもあります。これは一つの例ですが、文字に書かれないで、各々の記憶によって代々持ち伝えている古典に養われてきたのです。男として、これだけのことはしなければならぬとか、日本人としては、こうしなければならぬといったようなことを、学校教育によらずして得てこられたのは、こうしたものがあったからです。書かれたる古典は、我々と縁を薄くするように作られていますが、我々が、文章をもって一〇〇年二〇〇年後に、我々の持っている考えや知識をどうしたら思うように伝えられるかは、ぜひ考えてみなければなりません。様式・形・方法を少しも考えなければ、今は我々がお互いにわかる文章であっても、将来とまったく絶縁しなければなりません。二六〇〇年というのは、日本人の伝統が伝わっているということであります。伝統はどう伝わるか。諸君のように幼いころから学校から学校へ学んでいるものは、地方の生活からだいぶ縁がうすくなっています。今日のままでは、おぼつかないのです。日本は、文章の歴史はおかしいぐらい激変しています。これも大きな悩みであります。元来、日本人は、男は漢文で書かなければならぬということになっていたらしく、女はかな文で書く以外に文章を書くことを許されませんでした。『御堂関白記』などは、しっかりした漢文です。それが『玉葉』にくると、もう、少しずつくずれています。公卿の日記などをみるとだんだん癖が出ていますし、それがだんだん候文になってきました。イロハ字引きやイロハ節用などは、中国にない漢字を知るためにできたのです。妙な話ですが、三〇〇くらいは、この種の字を知らなければ役人にはなれなかったのです。厄介とか辛抱とか、変な字をあてています。こんなにまでもして、後世の者に文章をわからなくしようとする運動がまだ続いています。他の国の三倍くらい、頭が良くないとわからない。

それにもう一つ、それこそでたらめな目茶苦茶の翻訳を読まされています。明治時代の翻訳はまだそれでもよかった。選択をしていますし、漢学者でしたから。外国語が読めるなら翻訳ができると思うのは無茶な話です。書物の中に二〇や三〇出てくる熟語ではなく、その熟語と熟語をつなぐ言葉です。むずかしくなければ、あるいはまた、わからないようでないと学問的ではないかのごとく考える点が、もっとも憂うべき点なのであります。日本の文章は、日本だけの数多い災厄をこうむってきました。日本人は筆まめなので、たくさん書いておいたのに、皆若い人たちと絶縁しかけています。せめて写本を読む力を持たないとしかたがないと思って、私はやりましたが、それだけではなくて、言葉の配列の仕方が今と違うのです。根本的にいって、言葉の統一がされていないのです。古典の中には、まだまだ読まれざるものがあり、また書かれざるものがあることを知らなければなりません。定家という人は、あの当時珍しい人で、妙にセンチメンタルで不平家でもありました。『明月記《めいげつき》』は他の公卿日記が客観的なのに、これだけは珍しく主観的です。承久の乱以前の歴史を考えるのに、この『明月記』を知っているかいないかによって、日本人の歴史観が違うのです。もう少し楽々と古典に親しむことのできないのは、かえすがえすも残念だが、再びこういう文章で、ものを書くような愚を繰り返したくはありません。一つは、ボキャブラリーが足りないのであります。まずもって、良いにも悪いにもボキャブラリーを多くしなければならず、またまず第一に選択をよくしなければなりません。私はこんなふうに同情のある解釈をしています。言葉は、昔はゆっくりとものをしゃべったのが、明治・大正から昭和にかけて非常に早口にしゃべるようになりました。だから選択の時間が足りないのです。こんなに、日本人は文化をおし進めようとしているのに、このように、それを割引きする弱点があることに気づかねばならぬ文学者に罪があるから、私は、この点をその人たちに言ってやろうと思っています。…………。

長崎医大での座談会——昭和一六年一一月二二日——

三時一〇分から、教職員と学生有志との座談会が開かれた。

「文部省からのお達しで、外国語を入れて講義をするのはなるべく止めてほしいと言ってきていますが、医学の方ですから、なかなか適当な日本語がわからないことが多いのですが」

「だんだん少なくするようにしていくほかないでしょう。一時は、犠牲になって苦しむような時代がなければならないのではないでしょうか。近ごろ、『山村語彙』という本を出しましたが、今までの書物にない言葉で、あなた方に関係した言葉は、たとえば、狩人の言葉などに少なくありません。人間の内臓を、細かく分類して名をつけています。病名なども、しきりに私は集めていますが、何だか安っぽくなりますね。医者などの使っているのは、確かにそのきみがありますよ。わけのわからないドイツ語で書かれますと、何かそれにたぶらかされて、偉い医者のように感じます（笑声）。道徳のほう、ことに感情のほうの言葉は、体験からきていますから、体に関連してできる言葉が多いですね。道徳のほうの言葉は少ないです。

ヅクナシは、北のほうへ行くと内容が変わって、無能に近いぶさいくなことの意味です。東北では臆病です。ヅクは、青年らしいしっかりした内容らしい。そしてこれも、だんだん集めてみますと、背骨のことらしい。大ヅクのある奴というのは、細かな仕事はできないが、いざというときに、仕事をまかせられる男です。小ヅクは、よく気のつく小まめな好青年の意味です。もう、ヅクという語は使ってもよいと思います」

「形を形容する言葉には、どんなものがありますか、私は形体学をやっているものです」

「せまい区域で生活している人々の間では、形容詞は少なくてすむので、急にぱっとできたので少ないのです。ナというのをつけて使っています。今ちょうど形容詞を作っている時代に、学者が「何々的」というのを言いだしてしまったのです。ちょうど、この一〇〇年か一五〇年のあいだに作らねばならぬ時代なのです。どんな言葉に不自由していますか。きかしていただければ好都合です。

もう、東京の言葉を使わねばならぬというようなことは、文部省でも言わなくなりました。どこの地方の言葉でも、いい言葉なら使おうじゃないかという時代になっています。会話だって、隣の部屋で聞いているとおかしくてたまらないことが多いんですが『何と言ったらいいか』とか『この気持ちがわからないかなぁ』とか『どうも、うまく言えないのだが、つまり…』とか、何度も何度も言う奴がいる。少し考えれば、適当な言葉はあるのですが。少なくとも官立の学校から「こういう言葉はないから言ってよこせ」といってきたときに、訓令を与えられるような機関を作らねばならないね。

最初は東京の方言論は、もうただ東京の言葉を真似ていればよいといっていたが、だんだん少しずつよくなっています。方言学会のいちばん大きな目的は、標準語を多くして、無い言葉はさがしていこうということなのです。…………。根本は、フランス語をドイツ語に訳すように、逐語訳ができないところに苦しみがある。意訳して意味を充分つくすようにするところに、努力しなければなりません。意訳といっても、少しはとばしてもよいとか、意味が少しは違ってもよいというんではいけない。正確でなければいけません。(森)鷗外(一八六二〜一九二二)は兄貴の友だちで、たとえば『即興詩人《そっきょうしじん》』などは、原本とくらべてみると、逐語訳で、よい日本語にわかりいい文章をすらりと使っているところは偉い。その点にかけてはね。私は、だいぶあの人の影響を受けています。詩を訳すのに韻《いん》までふくんでいます」

「現在の人で、若い人の手本になるような文章を書く人はいないでしょうか」

「私も、その点に気をつけていますが、正宗白鳥(一八七九〜一九六二)などは、文章の陰影まで考えています。馬場恒吾（一八七五〜一九五六）は、気をつかわないですらっと書いています」

「(夏目)漱石(一八六七〜一九一六)や徳富(蘇峰?)さんなどは……」

「夏目さんのは、小説きり読んでいませんが、徳富さんは駄目でしょう。私は、注意して読んでいますが、(東京)日日(新聞)の論文などは、自然に感動するような文章はありませんものね。正宗のでは『明治の文章』などは記述文としては、よくここまでいっているると思うほど、よくいっていますね。漢文でも、はじめから二通りあります。(頼)山陽(一七八〇〜一八三二)などは、全体として、朗々と読めるような文章ですが、内容は、何を言っているかという点がままあります」

「普通文というのは、将来どうなりますか」

「普通文といいながら、だんだん変わってきています。(貝原《かいばら》)益軒《えきけん》(一六三〇〜一七一四)はまあなんですが、(新井《あらい》)白石《はくせき》(一六五七〜一七二五)ですね、祖先は。あれは保元や平治物語の語り物からきていますが、あれだけではたりません。もう少し前へ戻ると『徒然《つれづれ》草《ぐさ》』ですが、やはり白石ですね。あれが今日までずっと残っていますね。今日まで、たとえむずかしくても通用してきたのは、もう既得権として認めていってもよいが、これから新規につくるのは、考えなければなりません。

何々的なんてのは、女が使ったらぶんなぐりたくなるからね。あれは、このままでいったら男だけの形容詞ができてしまいますから困りますよ。私んとこの女中は「全然ありません」なんていう。私の孫は聞き覚えで「その点、わかりません」などと言ったんで「その点ちゃん」なんて綽名《あだな》されています。トテモなんていう語は、発音しやすいので今じゃネガチーブのほうに使う人は少ないくらいです。じつは、信州あたりに古くからのが残っていて、その反対の使い方だったのですからね。一つの言葉を文部省で強制するのはいけないんで、一人一人に選択する能力をこそ与えなければならないのですね。東京の学生が、文化の中心をなしている時代がありましたね。学生が使っている言葉を、役人になってもすてませんでしたから、たとえば、ワリカンなんて語は、いけない歴史があるんですよ。花柳界などの言葉です。割前勘定といってみてもよいのですからね、下品な言葉です。文章は、文法にいちいち照らして書く必要はありませんよ。

Saga のおもしろいのは、今から七、八〇〇年前の語り方で残っていますが、日本のは、語り方は、そのまま残っているのは少ない。形式文学の点からはおもしろくない、内容は残っていますが。

瀬川清子という人は、女としては、じつに偉い人です。あの人は老人の話をだまって聞いていて、帰ってきてからそのまま書ける人なのです。今の女の人で、あのくらいはっきりした人は少ないですよ、もう年は四二、三でしょうが。瀬川さんという人の功労は、たくさんあるんです。

『明月記』は、若い人たちに読めぬのが残念です。異国叢書のように読めば、それだけ皆知識になるんですから。現代語訳も結構ですが、それが出ると古いのはもう読まなくなりますから、私たちとしてはやめさせたいですよ。チョウサーのように、言葉だけを直すのですね。モダン・イングリッシュに。あれと同じと心得ているのですからね。『源氏物語』なんてのは、古典の中に入れるのはどうかとさえ思っています。あんなに一部分だけの生活を扱っているのを、あの他に作品がないもんですからですが、あの時代の代表作品として、あんなもんだと思われたら大変ですね。医大の生徒は、専門外のものを読みますか？雑誌は別ですが、私らの経験だと、寝床で読むのは、けっして専門の本ではなかったですがね、そんなときでも読みませんか？」

「一所懸命勉強していたら、それだけで骨と皮ばかりになります。旅行や病気のとき以外は読みません」

「今では、私は眠るために読みますから、つまらぬものでも、どうしても読まねばならぬものは読んでいますが、ついおもしろくて読んでしまうこともあります。寝床へ、小説は絶対もっていってはいけません。小説というものは、食後にでも読むべきものです……。

日本精神なんていって、すぐ『日本書紀』などをあてがったたって駄目ですね、その間のつなぎ目になるもの、何か消化剤みたいなものがなければ駄目ですよ。文化科学でも、自然科学のように客観的にも正しさが証明できるようにならねばならない。自然科学の人たちが、文化科学の弱点を指摘できるような時代にならなければいけないね。精神文化研究所などでも、当局の予期した結論になるような問題きり与えないのですね。結論を与えているような気がしますよ。どんな結論になってもよいからやってみようというのでなければ、正しい研究ではない。学者もいけなかったんですよ、学問のための学問のようなことばかり申してきましたから……。私はそうたくさんの希望は抱いてはいません。さしあたり、近い時代から調べていきますから、奈良朝ごろのはむずかしいのです。民俗学も、各国によって違いまして、文献に重きをおいているところもありますが、我々は、江戸時代が目的で、その次は足利時代がわかるというようにしています。ただ、日本の文化は大変おもしろくて、文化の伝播がむらですから便利です。吉川英治《よしかわえいじ》(一八九二〜一九六二)などの小説を見ましていちばん不安なのは、あれがあの当時の生活かしらんとは思いますが、積極的にそれを再現してみせろ、といわれてもちょっとできません。凡人《ぼんじん》は、そんなに偉いことをしている気づかいはないのですからね。なんでもかんでも、偉いことをしたように考えるのはいけないんです……」

午後四時半、座談会が終わった。このメモはあいだがずいぶん抜けているばかりでなく、正確も期しがたい。

私は、先生よりひと足さきに伊藤一郎氏の案内で、浦上の天主堂を見物に行った。この辺の信者は、女中やその他、奉公していても日曜日になると絶対に仕事を休むと聞いていたが、私らの郷里の百姓とちっとも違わない。付近の農民や、国民服か青年団員の制服めいた服装の青年たちが、履き物を脱いだ裸足の裏を見せてひざまずいておがんでいる。私などは、映画や絵葉書以外では見たことのない円天井の高い礼拝堂で、敬虔な祈りをささげているこのような光景は、ただただ驚きであって、これはまったく意外な印象であった。私は、この旅行が終わったらさっそく『日本切支丹宗門史』を読もうと思った。先生は、医大の招待で、夕食を五時から。私は伊藤さんに案内されて、柳通りに出てコーヒーとジエリーをご馳走になり、諏訪神社下まで送られて、七時に帰った。先生は八時ごろ招待から帰り、伊藤氏と九時半ごろまで話しておられた。今日の文化講義で、先生のお約束は全部終わった。私は形を改めて、

「ご無事に予定を全部終わられまして、おめでとうございました」

と挨拶した。出発以来今日まで、ちょうど十日目にすぎないのに、一ケ月もたったような気がする。明日からは、まったく自由な旅をつづけることになる。今夜は、さすがに先

生もほっとしたお顔で、くつろいでおそくまで話しておられた。今夜の料理では、酒の前に餅ではないが変なものを食わされたとのことで、

「ええ、長崎では〝おひれの吸い物〟といって、食前に餅を食わせたもんだ。充分食べさせて腹がいっぱいになったころから酒や料理を出すのは、正式の洋食と同じだ。おひれは、刺身を作った余りのひれで吸い物を作るので……」

など、おそくまで気楽に話をうかがった。

天草・鹿児島を経て京町温泉へ（第一一〜一三日目）

――昭和一六年一一月二三〜二五日――

小雨降ったりやんだり。午前一〇時、ハイヤーで諫早を通り、小浜温泉へ。この朝九時半、武藤長蔵氏来訪。こんども同氏の持ち込んだ古写本や軸物に悩まされなさった。街の有志から、今日の予定を電話で問い合わせてきたが出発の由を伝う。武藤氏とは、教育会館前で別れた。

「この左の高い所に（向井《むかい》）去来《きょらい》（一六五一〜一七〇四）の有名な句がある。

君が手もまぢるなるべし花すすき

弟がいてね、ここへ去来が帰ってきたんだ」

小浜行の乗合を追い抜いて、愉快なドライブをつづけて、一二時少し前、小浜温泉につく。途中、千々岩町というのは、広瀬（武夫）中佐（一八六八〜一九〇四）の生家のある所で、キジマという町長は先生の知っていなさる人だそうな。春陽館へ投宿。大きいだけで、がさつな家である。料理も、ふんだんにあるだけで下等なもの。私はすっかり疲れてしまって、二時間ほど次の間で眠った。長崎の上野屋から電話で、先生に速達がきているとのこと。伊藤氏に電報を打って電話口で読んでもらった。先生のお子さんの仲人の家に不幸があった由。八時半、先生おやすみになる。

一一月二四日、きょうも晴天。先生と温泉にはいる。先生の御体は、ほっそりとして華《きや》奢《しや》に見える。九時、宿を出て、一〇時、口ノ津行のバスに乗る。きょうは待望の天草行の日である。口ノ津より早崎海峡を越えて鬼池へ。それからバスで本渡《ほんど》（下島）へ着く。午後四時半なり。五時のバスで、さらにそれから一三里の牛深へ行く。夜七時半ごろ、牛深に着く。かなりの強行軍であった。

ここの娘たちは、結婚前ほとんど全部が各地で遊女になって銭をため、結婚資金を稼いでから村に帰って結婚するという。稼ぎ方が多ければ多いほどいい結婚ができるなど、天草一円がそうであるが、ことにこの辺は日本婚姻史上、多くの史料を蔵している所であるなど、この夜、先生から貞操観念の変遷や婚姻関係の詳しい話をうかがった。

二五日は五時に起きたが、まだ真っ暗である。風がひょうひょうと吹き、とても船は出そうもなかったが、五時半、ともかく先生を起こす。船へ行ってみて、出るか出ないか聞いてからにしようと、朝茶だけで宿を出る。

「梅干の種を持っていっちゃいかんよ、海の神様はお嫌いだから」

船出る。一四人ぎっしり畳にすわる。七時近く海上の夜が明けた。甑島《こしきじま》をはるかに眺めながら、長島という島へ寄る。明治四一年に先生の寄られた島で、その後、桜田（勝徳）先輩が調査した島である。九時近く、本土の阿久根《あくね》に着く。次の汽車は一一時四分である。

「どこも、これはあまりいい町とはいえないね」

その辺を見てこいといわれたので、一人でぶらぶら歩く。

「健康そうな若者の姿は、一人も見かけないが、そのかわりたくましく働く女のしっかりしている姿は、見ていて気持ちのいいもんだ」

口ノ津でもそうだったが、ここでも茄子《なす》やヘチマの花が咲いて、もう実がなっている。

阿久根高女は高い岡の上にあって、目の前に鹿の住むという島が見える。野生のツワブキの黄色な花が咲いて、鶏の声がしきりに聞こえる。波の音が近い。甑島がはるかに見える。ニッキというものを買う。私にははじめてであったが。

「ケセンというニッキ油を採る。子供がしゃぶるもので、味はからい。ニッケともいい、私らも子供のときしゃぶったもんだよ。肉桂さ。そうかね、君は知らなかったかね」

ブンタというもの、枝もたわわになっている。不気味な大きさであった。これも、はじめて見たもの。鶴の渡来地を通る。今日は一羽も見えない。とうとう薩摩の国へはいる。

「ツワブキは、日本海のほう、越後あたりからはじまって静かな海岸には、ずっとどこにでもある」

口ノ津あたりから見事になっている柿を見て、食いたい食いたいとおっしゃっていたのに、やっと手にはいって、おいしそうに食べられた。上川内《せんだい》駅を通る。

「あの山に新田八幡の神社があってね、鹿児島県の学者がこじつけて、ニニギノミコトの御陵《ごりょう》にしてしまったんだ。神代の御陵というのはおかしいんだが、これの競争者が宮崎のほうにもあるんだ、どっちもおかしいんだがね。南北朝時代以前からあって、いろいろ古文書など残ってはいるんだが……。川内はもと隈之城村といって、その役場のある所だったのが、急に市になったのだ。鹿児島県には、もと町は一つか二つきりなかったのだ、皆村だった。私らも、町を作らぬほうがよいと主張したこともあったが、やはり村会議員が町の素封家になるもんだから……。川内川は、非常に砂を運び込む川でね、この辺一帯は皆その砂だ」

川内で駅弁を買う。こんどの旅行で買う最初の弁当である。一時半、鹿児島につく。一時間ほど暇があるので、先生のご案内で図書館の前、島津氏の墓所（大きい神社）まで行く。大きな西郷さんの銅像がある、城山の下から仰ぐ。桜島が、いっとき物凄く煙を上げる。こういう小さい噴火は、しょっちゅうあるらしく、だれも土地の人は気にする様子もない。鹿児島の町は気にいった。二時四六分、吉松行に乗る。しばらく鹿児島湾にそって走る、霧島の頂上が雲の上に見える。四時半、霧島に夕陽が当たってとっても美しかった。栗野へ着く。

「この辺は、戦国時代に何々院・何々院といって大名の戦の幾度もあった所だ。川内川はこの流域が早くから開けていたのだ。この辺はウシグリ園という荘園のあった所だろう」

もどりのバスにすぐ乗って、京町温泉につき、真砂旅館というのへ泊まる。この夜、ふたたび牛深のシンギントリ、オキノ遊女の話から、中山（太郎）氏・南方（熊楠）氏の話まで、先生からくわしくお聞きしたが、ずっと先生と一緒だったのでメモには取れなかった。九時過ぎ、温泉へはいって寝る。さびれた田の中の温泉宿である。寒い。

阿蘇の一夜（第一四日目）——昭和一六年一一月二六日——

二六日、露霜がいっぱい降りて深い霧がたちこめている。朝六時起床。七時一四分の汽車に乗る。寒くて震えあがった。手をこすりこすりしているうちに汽車が出る。まだ太陽は昇らず、やがて矢嶽峠にさしかかる。霧島の連山、もろもろの部落が雲海の中に島のように眺められ、そこへ朝陽がさして、何ともかともいえないような絶景である。矢嶽駅にはまだ陽がささず、深い霧の中に静まりかえっている。汽車は下りになったらしい。今の所が坂上である。下界からこの辺を見たら、すっかり雲の中であろう。八時五〇分、人吉《ひとよし》に着く。

「球磨川は、この山の向こうだね。僕はここまで汽車が通った開通式のとき、それに出るパスをもらってきて、わざと二、三日途中でおくらせて来たんだったから。そのときは、向こうは吉松まで汽車が来ていた。加久藤《かくとう》から馬車で来たんだ。明治の四〇年か四一年だ。要するに僕の長女が、まだ生まれる前だから。もうこの辺は来たときの記憶はないな」

ここで、先生は手袋をはじめてなさった。私は、手袋をもっていらっしゃったことにちっとも気がつかないでいたので、その用意のよさにあらためて感心した。この辺の気候は相馬のほうと同じくらいらしい。九州といえば、みな暖かいと思っていたら大違いだった。口ノ津では、女の子が浴衣一枚で遊んでいたし、天草では、百姓の婆さんが裸で畠を耕しているのさえ見た。

「これが球磨川だ。この川を下るのを真似して大井川や天龍下り等をやりだしたので、この川がいちばん早いんだね。このあたりは最上《もがみ》（孝敬）君て人が、だいぶ長いことかかって調査したんだ……。ずいぶんレッテルがぶら下がったね、私の家内はずっと前から克明にそれを集めているんだよ」

一勝地《いっしょうち》駅を過ぎる。

「この辺から八代まで、船で下るんだ。そして、帰りは引いてここまで帰って、また下るんだね。川を見せるために、それにそって作ったという点で日本でも有名な汽車だ……」

このときは、この他にも槍伏とか、松クマの肥後検校とか、飛行機で球磨川の鮎を運ぶことなど、いろいろお話を聞いた。

小浜温泉で勘定を払うときのことであったが、私が帳場へ電話で、

「勘定をお願いします」

といったのを、先生が聞きとがめられて、

「君！　敬語の乱用じゃないのか。なんで君はお願いしなければいけないのだ。そう敬語を使っていては、目上の人にいうときに、敬意を表したことにはならなくなってしまうじゃないか。私らは「勘定しておくれ」というが、女子などは「下さいね」という。「下さいな」でもていねいすぎるが、まあいい」

と、色をなしてお叱りだった。なかなか女中が上がってこないので、

「催促したまえ」

といわれたが、さあ今度はちょっと受話機に手が伸びなかった。

午後零時五分、先生お一人で赤水《あかみず》で降り観光ホテルへ。私は「坊中から阿蘇へ登ってこい」といわれて乗り越していったが、駅で問うたらもうバスはないとのことだった。そのまま宮地まで行き、命ぜられたとおり阿蘇大社に詣でる。四時八分、赤水へ引き返す。バスですぐホテルへ。先生も待たされて三時のバスでこられたそうで、盛んに鉄道幹部の横暴な行為を憤慨しておられた。前のバスに乗れたのに、鉄道の従業員の団体が全部乗ってしまって、一般客は置いてきぼりにされたという。夕陽を浴びた大阿蘇の国立公園は雄大な眺めであった。人の世のいろいろの生活というものが、自然に対してどんなに小さいものか、生まれてはじめて接する眺望に、私の人生観がいっときにもせよ変わったようにさ

え思えた。天地が、静かに静かに夜になっていき、やがてすっかり昼の光がなくなってゆく。その刻々の推移がわかる。自分というものが考えれば考えるほど小さい存在になってゆき、生きていることが悲しくさえなってくる。月の光が一望に見える下界をおぼろに照らし、灯があちこちにちかちかしている。星が小さく光る。豪華な眺めの一語につきる。人声のほとんどしない寒い風の吹き通るホテルであったが、夕食後、先生はサロンで同宿の誰彼と親しげに話などしていなさる。山のホテルの夜というものはこんなものであろうかと、しばらくは先生の横顔を眺めていたことだった。今夜は、先生と同じ部屋のベッドだから、ノートはつけられない。阿蘇大社で買った今川焼《いまがわやき》を電気ストーブであぶりながら雑談して、九時半スタンドを消した。先生はしきりに咳をなさっている。一一時ごろ眠る。

帰りの瀬戸内・神戸へ（第一五日目）——昭和一六年一一月二七日——

二七日、朝はまだ暗い。嵐の音が聞こえている。寝たまま、今度の旅行のことなどを考えていた。七時に起きたが、楽しみにしていた雲海は見られなかった。わずかのことで雲海のできるときと、できないときがあるという。ゆっくり風呂にはいって、八時、食堂へ。この朝食はおいしかった。八時五〇分のバスで大分行に乗る。波野《なみの》を過ぎる。

「この辺でも草（?）をつんだのをコヅミというだろう、稲のはむろんコヅミというが」

一〇時半、先生は熱心に新聞をお読みになっている。

「この次は玉来《たまらい》だ。僕は玉来は知っているんだ。阿蘇には関係なしに宮崎県から姥嶽を通って歩いていたんでね。そのときのことは『地名の研究』（『定本柳田國男集』第20巻「玉来」の項）に出ているよ……。

伊良湖崎《いらこざき》にはしばらく住んでいたことがあった。砂の上で目を閉じて日光浴をしていたら、何かひょっと気がついてみるとウサギがすぐ近くに見えるので、知らぬ顔して薄目をあけて眺めていると、一〇匹も私を中心にぐるっと集まっていて、こっちもびっくりしたことがあった。あんな動物は、非常に好奇心が強いものとみえて、何か見知らぬものがいるので集まって、興味深げに私の挙動を観察していたらしい……」

この話はよほどお気に入りとみえて、もちろん文章にも書かれているほか、たしか木曜会であったと思うが話としてもうかがったことがある。大分県の特長は、段々になった田と岩窟の住宅である。玉来に着く。

「どうも、皆、顔色が感心しないね」

豊後竹田に着く。

「谷底みたいな町だけど、なかなかいい所なんだよ。文学なんかも盛んな所でね」

弁当を買う。

「この次が三重《みえ》だ。炭焼小五郎の伝説がある。それだけでわざわざ東京から来たんだよ。三重の町の向こうに内山ってとこがあってね、この伝説があるために一山全部鉱区になって、試掘願いが出ているんだよ」

三重の一つ手前の牧口《まきぐち》駅で、やっと写真を一枚とった。

「この川の下に急流があって滝があるんだ。大蛇の伝説があって、佐賀ノ関の神主の娘が嫁に来たといっている。この川は何といったか、鶴崎《つるさき》へ行っているんだが……。

このウラニオの並べ方には、何か意味があるね」

「こんどの旅行だけでも、ずいぶん変化がありました」

「ええ、非常に違うね、置く場所も違うし」

一二時半、高崎山・由布《ゆふ》嶽が裏から見えだした。

「ぐるっと回わったわけだね」

「よく歩きましたね」

「この一里ばかり山のほうに、柞原《ゆすはら》神社という国幣小社があるんだがね。この海岸の仮宮へ一ケ月も御旅所《おたびしょ》にしていられるんだ。このことは『祭礼と世間』（『定本柳田國男集』第10巻）に書いたがね。これでよくわかるんだ、御旅所という意味は。高い所から下へ降りてくるんだ。諏訪神社なんかは半年もいるが、それがここでは一ケ月になっているだけなんだ」

「山の神が、田の神になるなんていうのと関係があるのですか」

「どうもそうらしいんだね。もとは神様もあっちへ行ったり、こっちへ来たりしていたんだろうね。山の神様と田の神様だけがわかっているが、もとはあんなものだったのじゃないかと思っているんだ。……ああ、地獄が依然として煙を吐いているよ」

別府が見えはじめた。

「海は、こんなに静かだよ。酔いたくたって酔やしないね、これじゃあ」

東別府に着く。

「これは、もと浜脇といったんだ。別府が市になって合併された」

別府に着いたのが一時六分。新造船〃こがね丸〃は、一二時に別府に着いて待っていた。部屋も広く美しい。〃紅丸〃は、部屋の前がずっと通しの廊下になっていたが、この船は、部屋ごとに次の間ふうに廊下がついていて、椅子が二つ。ここから大きなガラス窓を通しては、海を眺めるように作られてある。

「こうした部屋で日本間にもありますが、何というんですか？　ベランダといったふうな……」

「イリカネといっているね。あそこで身分の区別をするんだが、お寺にあるね。柱の外なんだな、つまり。外国じゃ、何といっているかね。ただネッキスト・ルームだろうね。あんなに雑踏で待たされても、こうしてゆっくり別府を眺められるんだから文句も言えないね」

阿蘇ホテルから先生の電報で、この船室を世話してくれた道家さんという人が挨拶にきた。

「『石神問答《いしがみもんどう》』の広告が出ているよ」

「文藝春秋」の一二月号に出ているのをご覧になって、窓から見える別府の家並みを眺めながら、

「〝高砂〟って宿屋もだいぶ古くなったな。あれは場所はいいんだけれども」

二時半ちょっと過ぎ、船がバックしはじめた。先生は待合室で買った「文藝春秋」を読みだす。

「一路平安というところですね」

「うーん」

三時、サロンに出る。大分へ寄港を終わったころから雨が降りはじめ、展望がきかなくなる。サロンでは、日米会談のニュースに耳をそば立てている者が多かった。太平洋は、かならず嵐を呼ぶだろう。四時近く、先生の姪の娘さんという人が新婚旅行で別府へ行っての帰り、偶然同船し〝おじ様〟とサロンに挨拶にこられた。サロンで、その方たちとの話いろいろあり。

「大阪もね、東京へも大阪の言葉がはいっているからね。〝えげつない〟なんて言葉も、ごく新しい言葉だし、〝よういわんわ〟なんていうのは、東京でもよく聞く……」

など夕食まで、この牧田清兵衛氏夫妻と話をしておられた。夕食後、サロンにそなえつけの『子規遺墨集』を、

「さあ、これを見て寝ようか」

と、たんねんに見ておられた。私は、石坂洋次郎の『何処へ』を読む。先生は九時過ぎ、私は一二時に眠る。

神戸から蒲郡へ（第一六日目）——昭和一六年一一月二八日——

二八日、上天気。七時になっても七時二〇分過ぎても、先生はお起きにならない。お起こししてみたが、あまりよく眠っておられるので、ボーイに朝食をゆっくりしてくれるように頼んでおく。島々がよく見える。ずっとおくれて八時過ぎ、広い食堂で先生と二人だけで朝食をとる。牧田氏夫妻と朝の挨拶。九時四〇分過ぎ、神戸に着く。ハイヤーで神戸駅へ。一〇時三四分、横浜行の列車を待つ。嵐になるらしく、風強く吹きはじむ。プラットホームで、

「僕が一三のとき、はじめて播州を出て東京へ出たんだが、家で雇った人力《じんりき》（車）に乗って、一五里かそれ以上もかけてここまできた。そのときは、須磨から半里ほど田圃ばかりで、兵庫の村があり、それからまた神戸まで半里ばかり田圃だったよ。神戸から汽船に乗ったんだが、そのころのバンドは土手でね、湊川《みなとがわ》神社の森があるだけだった。神戸の村は、どこか山よりにあることは昔からあったらしいんだが。僕の叔父のころは、道傍に（徳

川）光圀《みつくに》（一六二八〜一七〇〇）の建てた楠公《なんこう》の碑がポツンとあるきりだったそうだね」

汽車に乗る。

「急行でないほうが、どんなにいいかしれないね。ここで本を読んでいれば、家へ帰ったと同じことだものね。用でもなければ、何も急いで帰ることはありゃしないさ。いつかもね、こんな汽車へ乗ったら、爺さんが一人乗っていて、僕と二人きりなんだ。そして、それが二人とも悠々《ゆうゆう》と本を読んでいた。その爺さんが石川千代松（動物学者、一八六一〜一九三五）さんなんだよ。いろいろおもしろい話をしながら、とうとう京都まで話していったがね。

「私はもう急行へなどへ乗れませんから、汽車の中で本を読んでいます」といっていたが、同感しちゃったね。どうも旅馴れぬ奴らは敵愾心《てきがいしん》が強くてね、同じ汽車で旅をするのも何かの縁だろうに、ちっともそうした親しさや心のゆとりがなくて、いやな感じだ……」

「神戸と大阪の境は、この辺ですか」

「いや、尼ケ崎あたり、神崎川のある所だよ」

大阪駅に着く。やはり堂々とした大都会の風貌を宿している。間もなく、ここが僕の職場になると思うと、何となく親しい頼もしさが感じられる。大雨のあとらしく、ほうぼうに水たまりができている。埃がみな洗われてしまって、すがすがしい。青空が雲間に見える。ここまでくると、早く東京へ帰りたくなって〃むずむずする〃という言葉が、生理的な実感からきているのをつくづく感じた。正午、京都で弁当を食う。まずい、まずい。膳所《ぜぜ》を過ぎる。

「あれが有名な瀬田《せた》の唐橋《からはし》だ。どうして唐といったかわからない。俵藤太《たわらとうた》が、お姫様を助けたあれさ。〃さびたるや云々〃という芭蕉の句があるだろう、あれが三上山で、あれを七巻半巻いた百足《むかで》が来たんだから、ずいぶん大きなもんさ。あの橋の下が竜宮だったんだ。あそこらがもとの川口だろうね」

「万葉旅行でここへ泊まったときは、ちょうど満月の晩でして、大変よろしゅうございました」

「万葉も、だいぶ下って平安朝になったんだね」

先生は「文藝春秋」のウスケボウ譚（徳川夢声）を読んでおられる。一時四五分、彦根を過ぎる。彦根城が見え、琵琶湖は満々と水をたたえて波頭が陽に輝いている。

「関ケ原の石田三成（一五六〇～一六〇〇）がいた佐和山は、こっちだ」

少し熱が出たらしい。頭が熱く、たまらなく眠い。頭痛をやっと我慢している。三時近く、すでに美濃の国である。夕陽燦々《さんさん》と照り、顔がほてる。先生、とうとう居眠る。大垣で一七分待って燕号《つばめ》を見送る。

「あんなに空《す》いているんなら、あっさりあきらめてしまわずに、神戸で乗ればよかったね。だけど特急に乗ると知っている奴がたくさん乗っていて、挨拶するのがうるさいんでこりてるんだよ。こんな静かな午後に、旅のプラットホームでゆっくり散歩できるのもいいもんだ。大正年間にこの辺を歩いて通ったことがあったが、ちょうどそのとき柿の品評会があってね、こんな大きなのが並んでいたよ。大垣では、だから、じつにいい印象を受けているんだ。うまい柿を食いたいもんだね、何しろ島原以来の怨念《おんねん》なんだからね」

軽い眩暈《めまい》と吐《は》き気《け》がやまぬので、仁丹をやたらにかんだ。稲掛けが、盾を並べたように田圃を縦横にさえぎっている。名古屋城が夕陽に映えて、美しく光っていた。四時一〇分、名古屋に着く。次第に日が沈み、寒さ加わる。

ここで、私の記録は終わっている。どうしてあとを書いてないのか、もう思い出せないが、この夜、蒲郡で泊まり、翌日、小田急で帰られる先生と小田原でお別れしたのであった。

柳翁随行後記

柳翁思い出草

旅行から帰って九日後の一二月八日、徹夜で卒業論文を清書していた払暁、真珠湾《しんじゅわん》攻撃の臨時ニュースがあって日米開戦となった。文字通り国家大変の年であった。

柳田家では、先生帰京後四日目の一二月三日は、ご長男の為正さんの結婚式が行なわれている。この旅行では、米の飯が食いたくてやむなくライス・カレーをたべたり、チューリップの球根から作ったといわれる代用コーヒーを飲むなど、今の若い読者のためには、いろいろと解説が必要かもしれない。だが、それはこの随行記には、直接の関係はない。

こんな機会でもないと、書き残しておく折もなさそうだから、柳田先生と私とに関連することを、思いつくままに書いておこう。

名古屋から帰京するまで、二八日から二九日にかけての道中が一行もなくて、私にとっては蒲郡の幻の一夜となっている。だが、記憶というものは、とかく、とぎれとぎれのものので、この随行記を読み返してみても、鮮明に記憶がよみがえるところがある一方では、いっこうに想い出せないところもある。

たとえば、天草には昭和五一年だったかに、福田先生といっしょに、熊本から天草五橋を渡って地元の民俗研究家平田正範氏を訪ね、本渡に一泊してほうぼう案内していただいた。しかし、三五年前に先生と通った記憶はほとんどなく、ただ広い野山の道を駆け通ったことしか覚えがない。

文面によると、緊張しづめの二週間のお供で疲労困憊《こんぱい》のあげく、名古屋からこっちではメモをつけることもできなかったことが推測できる。体も神経もそう丈夫でないので、私の一回の旅行はせいぜい四、五日が限度なのは若いころからだった。ちゃんとした旅館かホテルまで戻って、一度ゆっくり静養してから出直すようにしないと、続けての採集旅行は無理だった。今ではそうでもなくなったろうが、古風な農山漁村では、蚊やノミやハエに悩まされて、おちおち眠れぬ夜が続くせいもあった。見知らぬ人との交際による気疲れと、最近のようにテープ・レコーダーなどは利用しなかったから、忘れぬうちにノートに書きとめておかねばならず……というわけで、連日深夜にわたる寝不足などでまいってしまうわけである。

この随行は、私にとっては大名旅行ではあったが、そのかわり、なにしろ明けても暮れても大先生との差し向かいの連続だったから、私のほうの気疲れは、今からはもう想像できぬほどだったにちがいない。

居眠り禁止

そうはいっても、今でもはっきりと覚えていることもある。ふしぎなことだが、この記録を読み返してみると、一行もそんなことにふれてはいない。そのひとつは、たしか新宿から名古屋へ行く中央線でのことだったと記憶しているが、

「眠ければ、降りて旅館で寝ようか」

といわれたことである。出発前夜は、ほとんど眠っていなかったので、ついうとうとしたときだった。慶応元年生まれの祖母に育てられた三文安の私は、こうした言われかたには馴れていなかった。なぜ「居眠らないで起きていなさい」とおっしゃらなかったか。予定を組んだ講演旅行なのだから、勝手に途中下車して予定を狂わせるわけにはいかないことはわかっているのにと、うらめしかった。

祖母は、若い母親がいたずらする子供を叱るのに、よく「どうしてお前はそういうことをするの」などというのを聞いて「東京では、おかしな言い方をするものだ、本当は、そういういたずらをするな、やめなさいというつもりだろうが、どうして……とわけを聞い

たって、答えられるもんじゃないのに……」また、乗合自動車から降りる間際になってもぐっすり眠りこけている子に「起きなきゃ置いていくわよ」などというのを聞いていて「ああいう嘘をついてはいけないね。わが子を置きざりにして降りるわけはないんだし、あんなことを言って、子供をおっかながらせるのはよくない」などとも言っていた。だから私は「降りて旅館で寝ようか」と言われたとき、柳田先生ってのは、根性の悪い・意地の悪い人だと思って、うらめしかったのである。もっとも、先生にすれば、せっかくの大金を使って連れていってやろうというのに、居眠る奴があるものか、と腹に据えかねるお気持ちがあったのだろう。今になると、それもいっそなつかしい思い出になっている。

落第宣言

もう一つ、はっきり記憶していることがある。だが、これもぜんぜん記録されてはいない。蒲郡からふたたび汽車に乗って、熱海を過ぎ小田原近くまで来たとき、先生は突然バッグを持って立ち上がりながら、

「君に旅行の仕方を教えようと連れて歩いたが失敗だった、落第だったな。僕は小田急で帰るが、君はこのまま乗っていきたまえ」

正確な言葉はもう思い出せないが、そういう意味のことを言われた。先生のお宅は成城学園だから、小田原で小田急に乗り換えなさるのは当然のことだったが、これで私もお出入り差し止めの破門なのかと、そのショックは大きく悲しかったのではっきり覚えている。落第にはなれっこだったが、小田原から品川までのひとり旅は、すっかりしょげかえっていた。

「疲れたろう、うちへ寄って夕飯でも食っていきたまえ」

くらいのねぎらいがあるだろうくらいに思っていたのだったから、どこまでも私は甘ったれだった。そのときは冷たい・ひどいと思ってうらめしかったが、今になってみると、わが身のいたらなさ、愚鈍さをまことに情なく思うとともに、相済まぬことだったと思わずにはいられない。

どうして私ごとき魯鈍な青年をお供に選ばれたのだったか、もう知るすべもないが、特別な秀才だった先生には、むしろ愚かな者を好まれるところがあったように思う。故、大間知篤三氏が遠ざけられたのは、同氏が肺結核を病んでいたこともあったけれども、ほんとうは、頭が良すぎたせいだったという先輩たちの噂を聞いたことがあった。

風景論

さて、この随行でいちばんつらかったことは、一日中、窓外を眺めていなければ、先生のご機嫌が悪いことだった。東京の中学に転校したばかりのころ、東京の景色が珍しくて、池袋駅から田端駅まで、窓から顔を出しっぱなしで風に吹かれながら眺め眺めしていて、顔面神経痛になったことが思い出された。二、三時間ならともかく、私にとって珍しくも何ともない野や山や農村風景などを、汽車が走っているあいだじゅう、窓外を眺め続けることは難行苦行であった。先生にとっては、幾十度となく通りなれていても、その都度、新鮮な喜びだったらしいが、私にとっては、ただ退屈な窓外の景色にすぎなかった。しかし、先生は、

「人々の暮らしが少しずつ推移することもあるが、風景というものは君、同じ風景は、二度とはけっして見られないものなんだよ。来年の今月の今日、まったく同じ時刻に通ったとしても、天候も風の具合も光の加減も違っているだろう。だから、まったく同じ景色というものは、けっして二度と見られるものではない」

とおっしゃる。それはなるほど、そのとおりにちがいないが、だからといって、五日も

一〇日も窓の外ばかり見ているわけにもいかないのが、素人の悲しさというもの。稲ニオの積み方や屋根の形にせよ、基礎知識がなければ、どこがどう異なるのか比較しようもないのだから、興味のもちようもない。興味を持つも持たぬもすべては教養の深浅によることで、興味を感じなかったのは、私の無知のせいにほかならなかった。ことに悪いことには――今でもそうだが――私は、有形文化にはほとんど興味がなかった。家の形がコの字型であろうと、ヨの字型であろうと、どうでもよかったのだから、旅行者として落第するのは当然といえば当然だった。カメラについても「撮るべき所で撮らないで、どうでもよい所ばかり撮っている云々」と叱られているが、これも、先生の指示でもなければ、何を撮るべきか、何がありふれた景色なのかは若い私には判断できかねたから、まことに無理からぬお小言だったわけ。また、当時は人前でうっかりカメラなどをいじくり回わしてはいられない雰囲気だったこともあって、やたらな撮影ははばかられたのも、本当だった。

メモも、いかにもとりにくかった。かくれるようにしながら、ちょこちょこ・ちょこちょことつけていないと、先生の意地悪そうな、あのこわい目にじろりと睨まれてしまう……というわけで、ここに収録しただけで精一杯なのだった。

先生三代

柳田先生を語る場合、私にとっては佐藤信彦（一九〇二〜一九七七）先生を除外するわけにはいかない。いつも佐藤先生の指示で動いていたからである。佐藤先生にめぐりあったのは、慶応の予科に入学したという偶然にすぎなかった。折口信夫先生の講義を聞くのが目的で慶応にはいったのだったが、はいってみると、学部にならないと講義は聞けなかった。というのは、奈良の女子高等師範の国文科に学んだ上の姉が大の折口ファンで、夏休みになると、きまって上京して国学院（大学）の公開講座を聴講しては、熱っぽく折口信夫という先生の噂をしていたばかりか、ノートを読んではいろいろ解説してくれた。小学生の私に、赤い『児童万葉集』を買ってくれたのも、この姉だった。

そんなわけで、折口先生のいない日吉の予科はつまらなくてさぼってばかりいたが、佐藤先生だけは別だった。テキスト講読はそうでもなかったが、先生の漫談は、私を夢中にさせずにはおかなかった。学生たちは、授業にあきると、いっせいに「マンダーン、マンダーン」と叫んでは、漫談を要求した。しかし話のおもしろい奥野信太郎先生や西川寧先生以外には、だれも漫談をせがまなかったように思う。佐藤先生の日本女性の黒髪信仰についてや、伊勢の御師の漫談などに、私はすっかり魅了された。初めて知的喜びを感じたというのが適当かもしれない。それまで小説ばかり読んでいた私が、川合貞一の『恩の思想』とか、内田銀蔵（一八七二〜一九一九）の『日本経済史の研究』など、幅広い教養書を読むようになったのも、先生の漫談のたまものだった。慶応のすぐれた先輩に、野呂栄太郎（一九〇〇〜一九三四）、早川昇、桜田勝徳などの逸材がいることも知られて、私の予科嫌いもだいぶ緩和された。

その佐藤先生は、柳田先生を神様のように尊敬しておられた。柳田先生は、その年譜によると、大正元年以来昭和三五年まで幾度も慶応で講演されているが、大正一三年から昭和四年まで文学部講師として毎週一回民間伝承の講義をなさっている。佐藤先生が塾の予科におられたのは大正九年で昭和二年本科卒業だから、柳田先生の講義を聴講できたのは、大正一三年から昭和二年のあいだであったろう。そのころの思い出話のひとつに、つぎのようなエピソードがあった。

柳田先生の出講の日、たまたま学生が佐藤先生たった一人というときがあった。しかし、柳田先生は、はじめっから終わりまで寸毫もいつもと変わらずに、原稿にしたがって音吐朗々と講義を続け、終わってそのまま静かに教室を出ていかれた。講義内容の結構さはいうまでもなかったが、五〇人・一〇〇人の学生を相手にするときと一対一で話すときと、少しも態度の変わらぬ立派さは、これこそ真に大丈夫の姿だと感激、その後ろ姿を拝みたいほどだったという。見栄や意地などで、できることではない。学問への情熱、経世済民への確固たる信念のなせるわざであったろう。とは、さすがに日本中学で杉浦重剛校長の薫陶を受けた佐藤先生らしい批評であった。私や塚崎進君が、柳田先生の前でよく佐藤先生の噂をしたので、

「いちど佐藤君に会いたいね、ぜひ連れて来たまえ」

とおっしゃったので、そのことを伝えると、

「冗談じゃないよ。あんな偉い先生に、「やあ佐藤君」なんて言われたら、おそれおおくて卒倒してしまうよ」

と笑うばかりで、とうとう一度も会われずじまいになってしまった。柳田先生の著作は、もちろん残らずよく読みこんでおられ、亡くなられた後の蔵書整理の際に柳田先生の書かれた本のページを繰って見ると、どの本にも、いたるところ書きいれがあって、精読のあとがしのばれた。

昭和二二年だったと思うが、柳田先生が「民俗学の研究所を設立したい」とおっしゃったとき、

「たとえ占領軍の家屋接収をのがれるためであったとしても、それは柳田家のご都合であ

って、学問研究には何の関係もないことだ。ご希望に沿うように、どんなにでも骨を折るべきだ。ただ、つぎの二点だけは絶対に守るように……。まず第一は、柳田家のご内証《ないしょ》には絶対に立ち入ったり、関係したりせぬこと。第二には、仲間うちで男女問題をひきおこさぬこと。この二点だけ守れれば、じゅうぶんお手伝いするがよかろう」

とのことだった。

その佐藤信彦先生の先生が折口信夫先生だったから、折口門下の最古参のお弟子という関係だが、佐藤先生は、折口先生の学風にはどういうわけか、なじまなかったらしい。折口先生にとっては、かわいげのない、煙ったい弟子だったらしい。その反対だったのが池田彌三郎氏で、池田さんは折口先生の愛弟子だった。私は、もともとそのつもりで慶応にはいったのだったから、夢中で折口先生にのめりこんだ。もちろん、講義も何も彼もがすばらしかった。小さな手帳に数行のメモだけで講義され、文学史などは数年も前からの連続講義だったから、どうしても先輩のノートを借りて筆写する必要があった。教室の後ろの席には、数人から一〇人以上もの卒業した先輩たちが、先生の講義の日だけは詰めかけて熱心にノートをとっていた。あの連衆《れんじゅ》は、聴講生の資格があったのか、それとも折口先生の個人的なお許しだけだったのか、ともかく異様な雰囲気で、前列に並ばされている在学生は、常に先輩たちに後ろから監視されているかっこうになる。こうしたなかで、鈴木太良先輩などは、いつも親切にしてくださったお一人だった。

柳田先生のもとに結成された「民間伝承の会」に私が入会したのは、昭和一二年か一三年だったと思うが、折口先生から、

「あんた、柳田先生のとこへ養子に行きなさい」

と言われたのは、たしか卒業前だったように思う。折口先生の弟子ではなく、柳田先生の門下生として送りこまれたといえば出世のようで体裁はいいが、折口門下としては不適当と認められたのであったろう。つまりは折口門下を落第したことにもなる。折口先生は佐藤信彦先生の先生だということは前にもふれたが、さらにその折口信夫先生の先生が柳田先生であった。折口先生が伊馬春部さんを連れて柳田先生を訪ねて来られたとき、その場にたまたま居合わせたことがあった。柳田先生のほうは、しゃあしゃあしているのに、折口先生は、柳田先生の前に直立不動のまま頭を垂れ、それはもう、尊者の前にひたすら跪《ひざま》ずくとでもいうべき態度で、居合わせた者みんなを粛然とさせるような雰囲気であった。あの剛腹な折口先生が、まるで赤子《あかご》のように、

「ハイッ！　ハイッ！　ソウイタシマス！　ハイッ！　ソノヨウデゴザイマス」

などといっていた。ほんとうに「敬虔《けいけん》な態度」とは、かくのごときものかと身のすくむ思いであった。「師と仰ぐ」とは、こういう態度であったのかと、馴れなれしいばかりの

我が身が省みられたのだった。

それが生得《しょうとく》のものだったとすれば仕方ないが、学問一筋まっしぐらで、いつもポーズをとり、相手に負けまいと身構えており、スタイリストとでもいうべき柳田先生にくらべると、折口先生のほうはずっとスケールが大きく、八方破れのような自信にあふれ、清濁併せ呑む度量、生身《なまみ》の人間に対するいたわり、人間的なあたたかみが感じられ、折口先生のほうが頼もしかった。文才に恵まれた田舎出の秀才が貧困から身を起こし、刻苦勉励のあげく功成り名をとげた……そんなことを感じさせる柳田先生でもあった。

折口先生は、卒業生の就職によく骨を折ってくださった。私も就職のことでお願いしたところ、

「塾の図書館にあきがあるが、そのまま図書館に勤めてしまったんでは、せっかくやっている民俗学が死学問《しにがくもん》になってしまうから、一度、学外で生きた世間を見たほうがよい」

とのことだった。で、新聞社が良かろうということになったが、問い合わせてみると、朝日と毎日の入社試験が同じ日で時間もかちあっていた。

「二、三年でやめるつもりですが、朝日新聞に就職したいので紹介していただけませんか」

と柳田先生に電話したところ、

「そんな君！　迷惑な話ってあるもんじゃない。毎日のほうにしたまえ」

とっさに、語気鋭い、にべもない返事だった。で、折口先生に毎日を受験する報告をすると、当時、たしか論説委員長だった阿部真之助氏宛の依頼状を書いてくださりながら、「柳田先生は、なかなか政治家だからね。朝日には充分勢力を扶植してあるから、あんたを毎日に入れておきたかったんでしょ」

といわれた。兄の知人が経済部長だったりして、昭和一六年の大晦日卒業、翌元日、毎日入社。以来三〇年近い記者生活が続くことになる。一、二年でやめるつもりだったが、暮らしのためにはそうもならず、ついつい定年近くまで勤めることになった。新聞社には日曜も祭日もないから、月二回の研究会に毎度出席することもむずかしかった。で、さぼりながら、二十数年ものあいだ柳田門を出たりはいったりしていたことになる。定年の三年前、親友直江広治君の世話で、国立東京教育大学講師を振りだしに民俗学・国文学・児童文学の教師商売に転じることができたのは、直江君のお蔭はもちろんだが、三代の先生方のお蔭にほかならない。

まだ学生だったころ、柳田門下の大先輩である橋浦泰雄さんや倉田一郎さんのお宅へ入りびたって機関誌「民間伝承」編集の走り使いなどをしていた時期に「柳田先生という人は、冷たい人かどうか」が、よく話題になったことがあった。そこで、先生が弟子にあたる人たちを、どんなによく世話なさったか、涙の出るようないくつかの実話も聞かされた。先輩たちの結論は「先生は冷たくしているが、温情の人だ」ということだった。そして、橋浦さんから「先生に優しくしてもらうような境遇になってはいけないよ」と戒められた。「先生と師匠と」の話は、『定本柳田國男集』の月報に書いたのが、多くの人の関心をひいたとみえて、あちこちで引用されている。私の創作だと誰も思わぬのは、事実による強みが感じられるからだろうが、雨宮庸蔵という方は、その記述（「民間伝承」三二三号）によると、同氏は、たまたま研究所に来合わせて聞いておられたらしい。証人が現われたわけである。たいそう人気のある話らしいので再録すると、

一身上のごたごたを申しあげ「どうしたら良いでしょうか」と、先生のお力にすがろうとしたときのことは、生涯忘れられない。まわりで勉強していた研究所の人たちがびっくりして一斉に顔をあげたほど、語気するどく、先生は憤然となさって、

「学問は世の中のためにするものじゃないか。自分一身の経営もできないものが学問をして何になるのだ。そういうことをちゃんとやれるようになってから、学問をやりたまえ。

私は君の師匠ではないんだよ。師匠ならば、弟子の面倒はどこどこまでもみるものだ。君は、私の弟子ではないんだよ。私には、ひとりだって弟子なんてものは居やしない。ここは君らの私事を持ちこむ場所ではないじゃないか。私を先生と呼ぶのは仕方ないことだ。

先に生まれたのだからそうよぶのはよいが、師弟ではなくて、学問上の先輩と後輩にすぎんのだ。学問上の指導はどんなにでもするが、それ以外の世話をするつもりも暇もないのだ」

と、手きびしく叱られてしまった。

そういえば、佐藤先生も、私がいくらめんめんと訴えても、私事におよぶ話は聞こえなかったふりで、いつも話をそらされていた。今から思えば、柳田先生と同じお考えだったかもしれない。

「ごめんください、今野です」と玄関に立つと「悪徳記者に用はありません」とか「オリクチは留守です」などと、二階から大きな声でおっしゃっては「へ、おいで」と、笑いながら、いつもおいしいお茶や菓子を出してくださる、温情あふれる折口先生からも、たった一度、こっぴどく叱られた経験がある。先生は、学校が終わるとよく田町駅前の森永へ寄っては、ご馳走してくださった。もちろん、いつも数人の学生がいっしょだった。あるとき、店を出しなにレジスターの前で「先生、きょうは私に出させてください」と言って伝票を出そうとしたら、突然「生意気言いなさんな！」と、ものすごい剣幕でどなられた。先生のことだからたいした大声ではなかったろうが、私には万雷の落ちたようにさえ感じられた。先生はけっして金持ちではないのに、毎度散財させては気の毒だし、私は兄の仕送りで小遣いには困っていない。たまにはこっちも出さなければ、と単純に思ったのだったが、考えてみれば、こっちは親がかりの学生、相手は天下の折口先生なのだから「生意気だ」と、どなられるのは当然だった。

　思いだしてみると、佐藤先生からも四〇年のあいだ、おごられっぱなしであった。柳田先生の散歩のお供も幾度かしたが、佐藤先生の散歩のお相手をした回数は何十回か数えきれない。お若いころは、銀座・神田あたりが多かったが、晩年心臓を病まれ、メニエルに悩まされるようになってからは、拙宅までタクシーでこられては、「舗装されていない道路を歩きたい」とおっしゃって、駒沢公園やその周辺の散歩を好まれた。そんな訪問の際も、かならずチョコレートなどのケーキ類を子供たちにとお持ちになって、けっして手ぶらではこられなかった。柳田家ではたった一度、大奥様と先生とで夕飯をご馳走になったことがあったきりだが、佐藤先生のお宅での回数はこれも数えきれない。泊めていただいたし、温泉にも二度ほど連れていっていただいたことがある。内弟子を自任する仲間が集まるとよく思い出話に出るが、学生のころは午前中にお宅へうかがって、昼食—おやつ—夕食—夜食とご馳走になって終電車で帰ったことも三度や五度ではなかった。それも私一人ではなく、そういう仲間は数人にとどまらなかったのだから、いかに奥様の面倒見がよかったか想像できるばかりでなく、いくら暮らしよかった昔でも、たいそうな出費だったにちがいない。『婦系図』の真砂町の先生はどうだったろうか。ともかく、わが奥沢の師匠はよく門弟たちの面倒をみてくださったものである。

先生と師匠と

直江広治さんが持って歩いている古風なステッキは、柳田先生が、ジュネーブでついておられたのを頂戴したという、ご自慢の物。どんないきさつで頂戴したのか、こんど会ったら聞かせてもらうつもりでいる。それで思いついたことだが、そんな話ばかりを集めた文集を編んでみてはどうだろうか。先生から品物や論文抜き刷、掲載誌、肉筆原稿や著書などをもらった人は、ずいぶん多いはずだが、どうせいずれも民俗学の研究に関係ある経緯やきっかけがあったのだろうから、柳田記念館でも設けるときの良い資料集になろうというものである。先生の交際範囲は広く、しかも相手によっておのずから交際のなさりかたも異なっていたはず。

私などは、先生にとっては、年中酒びたりしているような酒呑み門下生だったらしい。亡くなられて二年目のご年始に成城へ行ったときも、奥方から「このごろ、お酒のほうは？」と言われたのは、まことに心外だった。

「君の太った分はみんな酒じゃないのかね」「ふとったからだの何割までがアルコールなのかね」「また吞みすぎかい」などとよく冷やかされたが、じつは、まるっきりの下戸なのである。二、三杯の盃で真っ赤になってフーフーいう体質を、たしかご存じだったはずなのに、これだけは、いまだに解しかねる先生の勘違いだった。どうせ悪い仲間の誰かが先生に吹きこんだのだろうが、あるいは下戸をご承知のうえで「しかし、お前の暮らしぶりは、まるで無頼の徒みたいなものではないか」とでも、おっしゃりたかったのかもしれない。謹厳端正な先生も、私生活にはいろいろ興味深いエピソードがおありだろうと思う。奥方がお気楽に思い出話を語られるのを、筆まめに聞き書きにまとめられるお人はいないものだろうか。後代に残る「人間柳田國男」の得難い研究資料をまとめる作業もさっそくにはじめないと、民俗資料と同じように、一日ごとに忘れられていくだろうからである。

研究所時代に〝一銭五厘事件〟というのがあった。たくさんの切手が見つからないとおっしゃるので、居合わせた所員も手伝って探しまわった。敗戦後のものすごいインフレ時代である。かなり高額なのにちがいないとは思いながらも、つい探しあぐねて、何気なく誰かが「先生、何円切手だったんですか?」とうかがったら「一銭五厘の分だが何十枚もの綴りで……」というわけ。とたんに一同がっくり参ってしまった。もちろん、そんな切手はもう通用しなくなっていたのだが、先生はなかなかあきらめようとはなさらなかった。

亡くなられる年の五月、米寿の祝賀会での私の役目は先生の送り迎えだったので、ずっとおそばに付き添っていた。そう長い時間でもなかったのに「ちょっと家に帰って休みたい」とおっしゃっては、会場の成城大学とお宅の間を自動車で二度も往復なさったほど、先生のおからだも気力ももう弱っておられたのだった。そんなわけで、世話人たちの相談でちょっと顔は出して戴くが、少しでも早くお帰りいただこう、そういうことになってい た。予定した時間はどんどん過ぎていった。世話人たちのあいだで「もう立ってもらわなくては……」「もうあきらめていただこう」などの私語が、しきりに交わされはじめた。だが先生は、意外にも「もう少しいいだろう君、えっ、もうだめかい。私は大丈夫なんだよ。ちっとも疲れていやしないんだ。もう少し居るわけにはいかんのかね……」そう何度もおっしゃって頑張ろうとなさる。会場の誰彼を目で追いながら、「あっ、あんなところにA君が居た」「Bもやって来ていたか」と、つぶやいては、手をさしのべたそうに、なつかしそうになさる。強引に催促して立っていただき、帰りはじめると、皆さんがどっと慕い寄ってこられた。ぐっと近くなった門下の誰彼の顔を見た先生の足はまた止まる。先生は呼吸を整えながら、ひとりひとりに、ゆっくりと話しかけられる。その都度、先生を抱えこむようにしながら、二歩三歩と人垣を押し分けて進む。

「ちょっと話したいんだ。あっ、C君が来ている。君、もうちょっと居るわけにはいかないかね。え、ほんの少しずつでいいんだから……。ああ、みんな、君、あんなに遠方から来てくれて……」

二百三十余名の参会者のうち、直接に先生と話の出来た人は、十分の一もいなかったろう。私はもうこみあげる激情をかみしめながら、先生のからだを連れ出すことだけに夢中で、誰の顔も区別がつかなくなっていた。おそらく、ちょっとしたきっかけで、みんながワッと泣きだしながら先生のところに殺到するにちがいない。そんな異常な雰囲気になりかけていた。

「これが先生との今生《こんじょう》のお別れになるだろう」と大部分の人たちが直感していたにちがいなかった。

柳田先生との対話抄（その一）——昭和一八年二月二一日——

風は冷たいが陽ざしの暖かい二月二一日の午後、先生を成城のお宅に訪ねた。一昨日電話をかけたときは、風邪気味で伏せっているからとのことだったのでお会い出来ないかと思っていたが、きょうは起きているからと座敷のほうへ通された。暖かい早春の日光がいっぱいさし込んでいる廊下に座布団を出して座り、内側に机を置いて背中に日光を受けて書き物をしておられたらしく、朝日新聞社用の雑用紙にペンで細い字が書かれている。五八とページがしるしてあるところで、先生が立って座布団を出してくださる。この雑用紙の原稿について、先日、橋浦さんから聞いた話によると、先生の原稿は全部この朝日の雑用紙に限られていて、一枚の字数は一〇〇字にきまっている。無雑作にどんどん書いていかれるのにかかわらず、多くとも一〇二、三字を超えないから印刷屋のほうへそのまま回してもこまるようなことはないという。先生の整理あるいは分類カードもすべてこの雑用紙である。何十年かのあいだ参考文献の中からおのおの問題別に袋を作り、その袋へ一つ一つ書きとめたカードを入れておかれるので、すでにそれを骨子として書かれた論文の分を合わせたら何百という数になろう。たとえば、童戯とか諺、あるいは道祖神、オシラ神といったふうな袋の中には先生の目にふれたあらゆる参考資料がその引用書名とともに書きこまれてはいっているのであろう。

「こんどから地方版に地方文化を少し力を入れて扱って行く方針になりまして、とりあえず、方言・住宅・迷信の三つを出したいと思うのです。

会のほうでも、俗信と迷信の区別はいま問題になっているのですが、これは大藤時彦さんに頼みました。

方言の整理とか国語の統一とか盛んに論議されている問題について、先生に書いていただければと部長も申していますが、私のほうの新聞にお書き願えるでしょうか。

実は、国語問題の起こったときもそうでしたが、書いていただけるなら先生の原稿をという話もたびたびあったのです。いちど、佐藤（信彦）さんに相談しましたが、そんなことで少しでも先生の心をわずらわすのはやめたほうがよいという話だったので、それなりになっていたのです。

大藤さんに方言の著者を相談しましたのですが、先生はもと東京日日に確か書かれたこともあったし、いっそ直接申しあげてみてはどうかということだったので、きょう上がったようなわけなのですが」

「さあそれはね、客員というのはそういうことを抑えるつもりではないのかね。朝日のほうからも毎月一度や二度は来るんだが、とてもいま書いてはいられないからといくつとなくいつも断わっているんだ。

このあいだも「民俗と増産」ということを書いてくれとかいうから、とてもそんなことは書けやしないと言ったがね」

「私はもう、今では朝日とはなんでもなくなってしまわれたのかと思っていましたが、やはり客員になっていらっしゃるのですか。それでしたら、どうにもなりませんですね」

「そうなんだ。昔のようなことはないだろうがね。いちじは君、社員は雑誌にも原稿を書いてはいけないなんてってね。そんな馬鹿なことを言うなら社をやめるなんて騒いだ人もあって、雑誌だけはよいことになったことがあった」

「私の社では、なんでも入社して本を一冊書いて出すと存在をみとめられると言っている人もあります」

「今は、あんなことを言う人もいないだろうがね。

昔ね、他の新聞に書いたことがあったんだ。君のところじゃなかったが、そしたら、杉村（楚人冠であろう）がそっと僕んとこへ来てね、「僕んとこでは他のへは書かぬことになっているから」なんて言うんだ。それからまあ、書かぬことにしているんだよ。

君のとこへ書いたと大藤君がいうのは、あれは大阪の文化部長が薄田泣菫《すすきだきゅうきん》の時代だが、一ツ目小僧のことを二十何回か書いたことがある、私が役人時代のことで……」

「それでは、ずいぶん昔のことなんですね」

「うん、娘が六ツと四ツのときだから三〇年になるわけだ。隠れ里の話は確か朝日だったな」

（注、著作目録によれば『一ツ目小僧の話』は大正六年八月、東京日日新聞一回から二一回および補遺三回とあり、また昭和九年六月刊小山書店発行の『一目小僧その他』の〝一目小僧〟の冒頭二行目および同文の最後八〇ページ末に同じく〝大正六年八月東京日日新聞〟とある。『隠れ里の話』は同上目録によれば大正七年二月二〇日一回から一五回大阪毎日新聞とあり、単行本『一目小僧その他』所載の「隠れ里」の末には〝大正七年五月、東京日日新聞〟と記してある。先生が朝日と言われたのは御記憶違いらしい）

「農家の住宅・地方の家の問題は、武内芳太郎さんに電話をかけましたが、なかなかつかまりませんでした」

「あの人は忙しい人だから、とても書くまい。住宅営団にいる。……」

「農地開発営団です」

「ああそうそう、それならやはり、今野、いや、今和次郎君だろう」

「すると方言は、倉田（一郎）さんですね」

「倉田君は一つ一つの言葉にだけ興味をもってね、全体を見ようとはしないので困るんだ。民俗学はあれではいけないんだよ、ああいう人が多いね。橋浦君なぞは、その中ではまあいいほうだが。……だから君のほうの要求には合うまい。国語政策なり社会の要求しているのは、どうしたらよいかという点なのだから。

そうだ、こんど来たら言ってやろう」

「私のほうも今さし当たっての強い要求に答えてもらうようでないと少し困るのです。朝日の『国語文化講座』に先生がお書きになった「標準語と方言」を昨夜も読み返してみたのですが、あんな内容のものがほしいのですが」

（注、昭和一六年七月朝日新聞社発行、『国語文化講座』第一巻「国語問題編」所載二四四ページから二六四ページ。この他にも国語問題に関する近ごろの先生の論文としては、日本方言学会の講演〝標準語について〟同会第二回例会、昭和一六年二月二四日、同会昭和一六年九月発行『方言研究第三集』「第二講演論文集」所載。昭和一七年五月創元社発行『方言覚書』その他がある）

「あれは君、長いんだよ。三十何枚かのものだから。

こんどね、『標準語論』という本を出そうと思って、今までのを数えてみたんだ。三五〇枚はあろうと思っていたんだが、数えてみると二〇〇枚に足りないんでね、今もそいつを書いていたところだったんだ」

「さきほど申しあげた「標準語と方言」は先生の御意見が相当強く書かれていますし、文章も強くはっきりしていて、新聞原稿などには非常にいいですね。あんなにはっきり、しかも一つ一つ事実を示して言われていますね」

「それでね、僕もあれを冒頭に（『標準語論』の）してやるつもりでいるんだ……。

君は「婦人公論」のを読んでいるかい」

「はい「毎日の言葉」でしょう、拝見しています」

「あれを本にしようと思うんだ。

山形にね、もと詩を作っていた男で佐藤作太郎というのがいてね。自分で活版の道具をひとそろい集めて持っているんだね。

それでだいぶ前から『民俗伝承論』を出さしてくれとか、『こども風土記』をもう一度別に出さしてくれなんて言っているんだ。いい男だからね、「毎日の言葉」をやろうと思っている。今度で九回目が出るから、もう半分ぐらい書き足して一冊になるよ」

「山形からですか」

「あっ、鶫《つぐみ》が来たよ、ほら。あっ、行っちゃったよ」

庭の芝生いっぱいに陽が当たっている。廊下のすぐ前のベンチにほしてある子ども用の敷布団がふっくらとふくらんでいるのが点景になって芝生だけが広々とひらけている。

先生も私も暖かい日ざしの廊下に向き合って、さっきからのんびりと話を続けていたわけなのである。——先生は庭のほうを向いたまま——

「もう春だな、寒い寒いって言ってるうちにたちまち暖かくなった。

紅梅なんだが、少し咲きだしたよ」

「向こうの道に近い梅ですか」

「うん、あれもそうだが、隣りに近いやつはあっちの樹が高く茂っているもんだから、だんだん勢いが悪くなってきてしまったよ」

「あの高く茂っているのは木犀《もくせい》ですか」

「いや、あれは月桂樹だよ、牛込《うしごめ》から持ってきたやつだ」

「左のがでしょう、右のは木犀ですね」

「うん、あれは木犀だ。すぐそこにもあるよ」

「私の郷里にも木犀の大きい立派なのがありましてね、祖母がよく自慢していました。池と湯殿の間にあったのはお寺へやりましたが、離れの庭のは残っています。沈丁花と木犀は遠くまでいいにおいがするものですね」

「君は『西條誌』という本を知らないだろう。話は聞かなかったかね」

「いいえ、存じませんが」

「この前ではなかったかな、和歌森（太郎）君が佐藤作太郎君を連れてきたときはいなかったの？」

「それは一月の後の木曜会でしょう、あの会は私残念でした。一二月の二〇〇回のときはどうしても社の都合で出られなかったんであきらめましたが、あのときは出られたのに知らなかったんです。一月に懇談会をやって伊豆に出かけるから後の会はおやりにならぬようにおっしゃったようでしたが」

「いや、そりゃ君の聞き違いだよ。行くには行ったが、また東京へ帰って二、三日でまた韮山へ（富士見荘に滞在したとき）行ったもの。

伊豆といえば、塚崎（進）君からは便りがあるかね」

「はい、一昨日ひょっこり出てまいりました。なんですか折口先生に講演を頼みに来たので公用なんだから、ゆっくり出来るとか言って二人で神田へ行って丸半日古本屋を歩きました。

先生にも講演に出ていただく予定で、穂積（伊東高女校長穂積忠氏）さんが上がることになっていたらしいのですが、不幸があって駄目になったんだとか申して残念がっていました」

「うん、穂積君のお父さんが亡くなってね、講演てなんだろう、このあいだやったのに」

「さあ、格別な話もしてませんでしたが。先生、あの朗読本のことなんですが、もう去年のことになりますけれども、あの後、塚崎君といっしょに拝借した『桃蹊雑話』（注、寛政二年に水戸藩の石川久徴―号を箕水と称す―の書いた一二巻本で、内容は水戸藩関係の各方面のことを見聞によって集録しまたは諸書より抜すいしたもの。威公・義公・粛公・良公・文公等各巻ほぼ時代順に配列されてある。先生所蔵のものは、水戸市元山町協文社昭和一五年八月刊行の活字本一冊である。先生は上記朗読読本の材料としてこの書の中から次の條を採られた。すなわち、「雨宮三十郎ガコト・小山小四郎故郷ニ帰ルコト・赤坂奴ト宮崎一八・島村孫右衛門ガコト——先生注、これがいちばんおもしろい——・森大之進・宇都宮弥三郎ノコト——先生注、小山小四郎と合す、ともに旧主従の義理——・大森伝五衛門ノコト」）を持って佐藤（信彦）さんに話したんです。佐藤さんは、あれを読んで「これはとても朗読読本には向かない」というんです。それで「朗読読本というのなら、先生の書かれた『山の人生』や『秋風帖』などの一節を抜いて作る以外に適当なものはあるまい。もし先生のを集めてやっていいとおっしゃるなら、どんなにでも一所懸命にやるが、こうした内容のものでは先生の御期待にかなわないような気がするから、もう一度先生に申しあげてみてくれ」というような話だったのです。

「先生は古典読本のつもりで選ばれたので朗読読本ではないのじゃないか」と言っていましたが」

「そうかね、佐藤君のは僕の考えと少し違うな。たんに古典読本というだけのものなら、いま急いでやることもないわけなんだ。

近ごろ、放送局でよく僕のものを放送するのでその朗読をきくが、あまり楽しいものではないね。朗読というのは別だからね、私のなどはそんなふうには書いてないんだもの。

このあいだ折口君に聞いたんだが、高崎（正秀さんであろう）はなかなかうまいんだそうだね。「高崎はなかなか上手なんですよ」って言っていたよ。あの長くひっぱってやるやつなんだよ。『桃蹊雑話』が無理なら森鷗外の『即興詩人』の一節あたりから佳人の奇遇などへ行って、それから江戸のものをやってもよかろう。

ともかく僕らのねらいは、青少年の言葉をよくしようという点なのだから。

僕はこのごろふっと感じたんだが、もう僕らでも声を出してはほとんどものを読まなくなったからね。わずかのあいだなのだが。小学校では大きな声で読んでいるね。僕らも小さいころは大きい声を出せ出せと言われたものだったが。

君らは声を出して読むことはあるかね。だいたいが〝よむ〟ということは、声を出して読むことなんだからね」

「ええ、小学校ではもちろんですが、中学へ上がってからは教科書に抜すいしてあるほんの一部分だけですが、『平家』や『増鏡』・『徒然草』など気持ちがよくて家へ帰ってから大きい声でよみました。

東京にいると大きい声で読む気もあまり起きないですね。朝起きたばかりとか夜中によくかなり大きい声で音読します。もう二、三年前ですが、郷里で夏休み中、先生の『都市と農村』ばかり大きい声で読んでいたことがありましたが『日本農民史』も読むにいい文章ですね。世想史もいいですね。ぐうっと胸が熱くなって涙が出そうになることがあります。

頭の悪いせいもありましょうが、昔の人はまあ近いころでも藤村の詩とかよく暗記して誦したようですが、私はほとんど愛読書でも、そらんじているところはありません」

「さっきちょっと言った『西條誌』はね、なんでも一〇〇部くらいきり作らなかったらしいんだ。一ページ一ページ全部写真に撮ったというんだが、それを明世堂で四〇部買ったと言ってね、僕は一組買ったんだが君にやろうと思ってもう一組買っておいて、あっちへ行けばあるんだが」

（注、『西條誌』は、昭和九年一二月愛媛県新居郡西條町、西條史談会発行、神田巌松堂発売の二〇巻五冊和綴の復刻本、定価金拾円也）

と呼び鈴を押して女中さんを呼ばれ、

「書斎に明世堂からきた包みがあったろう、左のほうに。あれを持ってきてくれ。君は風呂敷を持ってるの？」

「いえ、持っていませんですが」

「それじゃ、風呂敷とね。これだよ、これはどっかに地図もついていたと思うが、参謀本部の地図と見くらべて読むとよい。

このあいだあげた『耳袋』（注、先生の校訂で岩波文庫から上下二冊本で出た『耳袋』の基本として使われたもの、先日いただいたのは〝波多野文庫〟および〝東台、守順蔵書〟の朱印のある筆写本一〇巻一〇冊本である）でもそうだが、あれは岩波文庫をこっちへ並べて広げておいて、くらべくらべして読めば古いものを読む練習になるからね。

朗読読本はともかくも（注、これは朗読読本を作る話のあったとき、その原稿の準備をするとき、どうしても古いものを読む必要があり、難解語には注釈をつけ、変体がなは書き直すから、自然に古いものを読む練習にもなる。勉強にもなるからやるように、との話があったからである）これだけでもやってみたまえよ。この程度のものなら読めるだろう。

これは挿絵がきれいに出ていないね、どうも少しきたないようだ」

「はい、先生、では遠慮なくいただきます。塚崎は本がなくて困っているようでした」

（注、これは、朗読読本を作る相談のときその参考文献を書き抜いた先生の目録カードを拝借して写し、二人で約半分ずつに分けて写すことになっていたからであって、随筆大成本などのほかは貧しい私たちの蔵書中にはほとんど本がなかったからである）

「そうだろうね、僕のところにあるものは遠慮なく持って行くとよい。

僕もしょっちゅうあの後を心がけてはいるんだが、たしかこのあいだ一冊出しておいたんだがどこへはいっているか」

「先生、さっきの話ですが、方言は倉田さんでないとすると東條操さんはいかがでしょうか。私たちとは全然立場も違うような人ですけれども、いちおうまあ新聞のことですから」

「あれは君、駄目だよ、へなちょこでね。僕はあの方言学会（注、東大の日本方言学会で、先生は初代会長であった）のために一万円も寄付を集めてやって、結局三千円ぐらいきり使わなかったんで、後はそっくり残してきたんだよ。それから二年も経つというのに何一つやれやしないんだもの。勉強もしていないんだね、昔のままのことを何度も書いたり本にしたりしているんだ。新聞の紙面は案外減らないんだね」

「はあ、今年の元日から朝夕刊四ページになるはずだったのですが、東条（英機）さんのひと声で沙汰やみになったようです。それも新聞用紙は一月契約らしいですからいつまで続くかわかりませんが、東条内閣の続く限り大丈夫じゃないかと思います。それに近ごろは、真の日本文化とか正しい伝統や生活は都会になく地方の農民の間にあるといった議論が多くなって、これは米英思想なり、そうした悪影響を受けていないのは農村だけだというところからもきているのでしょうが、地方版に力を入れる傾向になってきました。私の部（文化部）でも地方版用の原稿を特別に依頼するといったことは今までしなかったんですが」

「そうかね」

「橋浦（泰雄）さんには〝生活戦線批判〟といったものを頼むつもりでいます。

国語問題もどうやら一段落の形ですから、落ちついたところでもう一度やってみようということになっています。学術用語をやりたいと思って、今朝、林髞《たかし》さんに頼みました、慶応の医学部の先生ですが」

「ああ、知ってるよ、あの人はまた他人とは違った一つの考えを持っている人なんだ、頭もしっかりしているし、いま盛りだからね」

「文部省に学術用語選定委員会というのがございますね、あれにもはいっていると思っていましたら、やっていないんです。私のほうのねらいは、まあ科学技術用語なのですが」

「いいだろう、林君で。新聞にも書けるよ、あの人なら。あれはあれなりでまたいいよ」

夕方に近く陽がかげってきた。鵯が一羽低く庭を横に飛んで過ぎて行った。ちょっとのあいだ話がとだえたので、

「お書きもののところを大変長いことお邪魔してしまいまして、これで失礼いたします」

「まあいいじゃないか、話して行きたまえ」

「はい、でも、ずいぶん長座しましたから」

「これから社へ帰るの？」

「はあ、橋浦さんの宅へ寄って原稿を頼んでから社へ帰ります」

「日曜なのに公用なんだね、今日は。座らされてよわったね」

と、先生も立たれる。

「先生、どうぞそのままで、ここでお暇さしていただきますから」

「じゃここで失敬するよ」

と、廊下の曲がり角まで送ってくださる。

玄関を出て帰りがけに庭を見ると、なるほど紅梅が咲きかけていた。砂ぼこりをあげて風がふいている。この原稿は、先生のお宅を辞して橋浦さんの家を訪ねる途中、小田急と新宿から西荻窪までの中央線の中で書き留めたものである。話の続き具合が不自然なところは内容のあまり大切でないような個所が少しずつ抜けているかもしれないが、直後に書きとめたものだから、だいたいはあっているつもりである。ただし、正確は保証しがたく、文責はもちろん筆者にある。


（昭和一八年四月一九日午前四時四〇分清書終わる）

柳田先生との対話抄（その二）——昭和二〇年一一月一八日——

下野出身の伯父からもらった葉タバコを土産に木曜会へ出席のつもりで出かけたが、玄関には一足も会員の靴がなかった。先生がドアをあけに出てこられたので辞し去ろうとすると、

「まあ上がりたまえ」

と書斎へ導かれながら、

「このあいだは向島の人と関君等二、三人きり集まらなかったので、来た人には気の毒だったが、会はしなかった」

（注、米軍が神宮外苑で馬の曲乗りをやるとかで、朝八時から一時までと午後四時から八時まで東京周辺中心に、いっさいの電車・汽車が制限・禁止されるというので、定例木曜会には大部分出かけなかった。なお、この日の呼び物は、陛下の前のお召馬〝初霜〟を米兵が曲乗りに使うということだった）

「からだはいいのかね、まあ掛けたまえ。君のほうはタバコはどうだね」

「きょう配給になりましたので、キザミ一つぐらいはお持ちできると思いますが」

「そんなもんかね、僕のほうもきょう配給があって、しばらくは足りるが。

社のほうは忙しいだろう、どうも新聞は尾を振りすぎるね。ああまでしなくてもいいと思うが、きっと向こうの奴らは笑っているよ。もう少し押せると思うし、書けるだろうに」

「しかし、注意・禁止事項が多うございますし、そうなりますと紙面に出るのはどうしても尾を振るようなものだけになりがちなんでしょう。たとえば、民族の消長といったふうのものでも、建設的なものは遠慮されがちになります。米軍が手を下さずとも産児制限と結核の両方から、このままでは衰亡することは明瞭なんですが、これらも、時勢は産制に傾いているからですし、アメリカ人はとにかく上手ですよ、感心しました」

「思ったより利口だね、心得たもんだ。どうせこのままで良いものでもなし、しばらくは辛抱せねばならぬが、もっと書きもし、言いもしていいと思うよ。半分だけの自由ではあるし、仕方もないが、とにかく思うことは言えず、一方的なことばかりで仕方がないね。戦争中はあれほどの言論弾圧下ではあっても、何とかして勝ってもらいたい気持ちがあったからまだ張りがあった。むずかしい戦争だとは知っていはしたが。だから僕は、当分、新聞・ラジオはいっさい断わっている。僕はそうは思わぬということが言えないじゃしょうがない」

「このごろは、国民全部が東条がけしからんとか、軍閥・財閥は敵だとか、憎しみ・うらみを全部国内に向けていて、米国が憎いなんていう者は一人もいなくなりましてね、実に米国の輿論指導はうまいもんですね」

「しかし、それは考えてみればわかることなんだし、向こうがなにもけしからんことをしないのに、日本だけやったわけでもないんだからね。近ごろ、向こうから日本文化研究の若い学士たちがたくさん来たんだね。もと丸ノ内の講習会に出ていた人で柳君の民芸を手伝っていたっていうのがこのあいだやって来てね、四、五人連れて来ますから、いろいろ教えてやってくれまいか、というから誰が通訳するんだと問うたら、なに向こうで学校を出てすぐ一年半とか日本語を専門に勉強したんで、新聞ぐらいは読めるんだそうだ。どうせまとまりのつかぬことを聞くのだろうし、夜は石炭がなくなってつらいから、あなたがどういうことを知りたがっているのかまとめてくれれば、あなたに教えようと言ったんだがね。彼らが先発隊なんで、後からどうせもっと専門家が来るんだろうが」

奥方が日本茶を出してくださる。

「そういう人たちが正しく勉強してくれればいいですが、変なところだけ頼って行ったり、かたよった文献ばかり利用するとこまりますね」

「塚崎君に会ったかね」

「いえ、このところ一度も会っていません」

「先月、いや下士官以上だった者は教員になれぬ命令が出る前だから九月だね、二七、八日に僕んとこへやって来てね、昨日伊東女学校へ辞表を出してきましたって報告に来たよ。「あの命令の出る前に出したんですから立派なもんです」なんて威張っていた」

「三度も便りを出したんですが、返事がないので、親父さんの秩父の仕事を手伝っているんだと思いますが」

「いや、信州の更科郡でコーライトをやっているんで、そこの手伝いに行きますって言っていたよ。亜炭からとるんだろうね。僕のほうへも送ってくれといったら「引き受けました」と言って帰ったよ。黒住君はどうしているかね」

「初めから変わらずにいるのは私だけですし、勤め先も有楽町なんで近ごろ友だちがぽつぽつ連絡に来るのですが、便りを出して返事がないと、そのままになってしまいますので」

「そうだね、やはり文通は片便りでは駄目なもんだから、もうそろそろそういう気運になってきたろうが『さゝなみ』の同人は何人ぐらいいたのかね」

「熱心な人は四、五人です。先輩も皆ちりぢりになっていますので、民間伝承の会員も再整備しなければなりませんね」

「初めは地方の会員が圧倒的に多かったが、近ごろでは都会の会員が半分以上になっているし、全部を何するわけにもいかんし、その必要もないよ。ただ、地方の熱心な会員にだけは戦争中放ってあったから、熱のさめぬうちに本でも送って刺激しておきたいもんだ。三〇〇人ぐらいだろうが、そのうち熱心なのは一〇〇人ぐらいかな。もちろん会費を払っていないような人はいいんだが。ずいぶんくるんだよ、僕の所へね。雑誌はその後どうしましたかなんて」

「雑誌にならぬ前の会報程度のものを、連絡機関に出せればいいのですが」

「近いうち橋浦君の所へ寄って相談するそうだが、とても出せまいね。あの生活社のパンフレットね、あれでやろうといったんだが、あれでさえ今では五拾銭では出来ぬそうだよ。このあいだ新聞の広告に一冊五円という雑誌が出ていてね、一年分だと思ったら一年分六拾円とちゃんと書いてある。こんな状態では駄目だよ。スプリングみたいなもので、本の値段は上下はするのだが、会報に二円も三円もとれやしないし。今年の暮までに三つ私のものが出るんだよ。先祖の話のほかにね、創元社で出す「創元」という雑誌、といっても季刊で年四冊とかだそうだから本みたいなものだが、これに出したのが、戦争が終わってから書いた最初のものだろう。それと疎開児童によませるように書いた話ね、あのうち『二十三夜様』が出る。これはもちろん、外国人などに読ませるつもりではなく、〝諸君が路傍に立っている二十三夜塔をどういうふうに考えるか、これはこうしたものだ〟というふうに書いたものです」

「池田弘子さんが「貯金局の前ですから近くへいらしたらお寄りください」なんていうんで、このあいだ行ったんですが金融経済研究会なんてあの辺にはなかったですよ。このあいだの会の『冬の日』のノートを見せてくれというので、わざわざ持っていってあげたんでしたが」

「渋沢君の隣りだよ、慶応へ行く角の」

「隣りは浅野良三さんで、その角は三井の大きい建物ですよ」

「その中だよ。あれは妙だよ、三井が関係しているんだね」

奥方が紅茶を持って出てこられる。

「今度、社のほうで最低生活の調査をするので手伝うのですが」

「最低生活なんていう言葉は、絶対使うもんじゃないよ。そんな文句を出して成功のしょうがない。農村を調べる以外はないね、都会では君、豪奢生活者なんか怒ってしまうよ、最低生活以下をやむを得ずやっているんだものね。今まで米なんか食わなかった農村まで配給するので食うようになったし、農民の消費は確かに増大している。これが放っておかれれば多くなる一方で、それは都会へ出す物資が少なくなるんだ」

「豆が足りないから甘藷等で味噌を作らせるそうですが、昔も豆以外の味噌なんてあったんですか」

「あったよ。〃ジンダ瓶《がめ》一つ持たざる……〃なんていって下等な味噌だったろうが、コヌカが原料だったわけだね」

「どうやって作ったんですか」

「さあ、製法までは知らない。ドブ漬とは違うのだろうから、何かとにかく醱酵させたんだろうね。

いやあ、塩の不足が問題だよ、私のとこでも大根が水っぽくてしようがないので、前はよくそういうと女たちは顔を見合わせて黙っている、まさか「塩がありませんので」とも言えなかったんだろう。このごろは家でもよほど苦心して使っているようだよ。米以外でも、稗とか粟とかそうした物をうまく食う工夫だね。それを教えなけりゃ。ジンダ味噌なんかだって、もう今もやっている村はこうして指を折るくらいしか残っていないし、後は昔はこうしてやっていたというところだけ、それももう多くはないだろう。そういった、つまり〃生活技術〃だね。生活技術という言葉がいいよ」

「たとえば〝生活環境と最低生活〟という小項目など、やはり採集しなければ、いわゆる栄養学者等を集めてカロリーとか月給とかの数字だけやっていても、役に立たんと思うんです」

「しかし、君は新聞記者なんだからね。実際に採集なんかしていたら、ほうぼう見て歩かねばならんのだから何年もかかるよ、そんなんじゃ駄目なんだろう」

「では先生、長いことお仕事のお邪魔しまして、この次の会は二五日でしょうか」

「いいじゃないか、きょうは日曜なんだろう、ゆっくりしてゆきたまえ。

木曜会も今度が最後だよ、また来春まで休もうと思うんだ、炭もないし、この部屋ではたまらんからね。もう僕も二階へ上がって炬燵で仕事をする。向こうの日本間がもとのように使えるといいのだが、嫁に行った娘が帰っているし、息子も帰ってきて占領しているんでね、君は去年は、僕が炬燵へはいって仕事をしているあいだに来たのかね」

「去年ではありませんが「近ごろは二階で仕事をしている」っておっしゃったことがありますから、お二階には一度上がったことがあります」

「それじゃ寒いときだね。そうすると去年は私が二階へ上がってからは一度も来なかったのかね。ずいぶん長いあいだ来なかったもんだ。

君！　タバコは？　無けりゃあるんだよ。

いやあ、こういう時代は、尋常の神経では生きてゆけないよ。とにかくしばらくは辛抱しなけりゃならん。どうせ右翼の連中なんか黙っているわけはないんだが、時勢が悪いってんでひっこんでいるんだろう」

「このあいだ、社の阿部賢一さんが「柳田さんも創会以来ずっと欠かさず出ていた会があるんだが、近ごろちっとも出なくなった。東京が焼けてから一度も市内へ出てこないそうだが」っていっていましたが」

「あの会は国民学術振興会といってね、丸ノ内の常盤《ときわ》で御馳走を食う会だった、ところが近ごろでは不平ばかりいう会だし、御馳走も出ないから行かなくなったんです。

君も知っている平の岩崎敏夫君ね、いま相馬へ帰っているのだが『磐城聞書』という題で採集を一冊にまとめて届けてくれたので、いまそれを読んでいるんだ。高木誠一君に聞いた部分は私らも知っているが、あそこから山を越えた向こうの谷ね、地図で見てもよくわかるんだが、そこの採集はおもしろい。八十いくつの婆さんから聞いているんだ。あの辺はもとは人口の稀薄な所だが炭坑が開けてから三倍ぐらいにまで増加し、新しい人たちがはいり込んではいるが、まだ旧家の勢力が強い所でね、〝入遠野〟という、今までも出てきたね。こんな厚いものなんだが。

どうかね、君の採集も早く見せてくれないか。こうした時勢だったので、新しい採集報告は実に少なくなった。会津のは、まだまとまらんかね」

「いま、清書中なんです。実はこの正月にまとめてお持ちしようと思っていたのでしたが、急いでやります。

その中の檜枝岐《ひのえまた》村の女の名前のところだけは『土の香』の二号に出しましたが、お読みになりましたか」

「そうだったかね。どうもあんまりきたないんで読まないでいるんだが」

と、傍の机から抜いて見ながら、

「これは大変だね。読むだけでも手のかかることをしたもんだ」

「別におもしろいことも出てきませんでした。オワグリという名前とか、意味のない名がずいぶんありますが」

「ワグリは末っ子につける名で、トメとかスエとかいうのと同じだよ。意味のない名は新潟や山形に多いようだね。いつかといっても、もう二〇年にもなるが、石黒君が新潟の愛国婦人会の名簿を持って来てね、とにかくおもしろいから一覧してくださいなんてってね」

「ではこれで失礼します」

「君は、折口先生んとこへ行くついでがあるかい、もし行ったら、僕のタバコがあるからね。

折口君がいなくてもわかるから、わざわざ行かなくてもいいんだよ」

「『冬の日』の参考書を借りに行きますから」

「それじゃ、大阪府史（誌?）を借りてきてくれないか、大阪人だから持っているよ。中河内郡のとこなんだが、僕も近いうち訪ねるつもりではいるんだが。

『冬の日』の注釈ってどんなもの」

「露伴のと羅月さんとの、焼けちゃって無いんです。折口先生の講義のノートも燃えてしまいましたし」

「それじゃ、僕のを持って行きたまえ」

と、玄関から引き返して先生が持ってきてくださる。

「こんどの会まで羅月のほうは返してくれたまえ。これは比嘉君から借りたもんだから。こっちはゆっくりでもいいんだ。まあ、今度両方持ってくるさね」

「ではどうも長いことお邪魔しまして」

「足を大事にしたまえ」

柳田先生との対話抄(その三)——昭和二一年四月三〇日——

「このあいだはどうしたね。皆でだいぶ待っていたのだが」

「どうもからだが悪かったものですから。皆さん集まられたのでしたか」

「大変集まりがよくってね。能田さんも来てしゃべったが、このあいだは私が話したんだ。それに中野正剛の息子が兄弟でここの近くにいてね、それがこんな大きなノートをつくってきて、一所懸命筆記しているんだ。親がなくて淋しいんだろうね。それに君はあまり親しくないが、九州のA君とB君がこれも熱心だし、それから、このあいだ来たのは、関・和歌森・萩原(若いほうの)、あとは誰だったかな。あれじゃ、やっぱりやらんわけにはゆかないよ」

「これバターですが、ずいぶん遅くなってしまいまして。こっちがマーガリンで、こっちが三宅島のです」

「ああ、それはどうもありがとう。これで当分はぜいたくになめられるよ」

「先生、お仕事のほうはお進みになっておられますか」

「いや、からだがどうも弱っていてね、昨日も角川君がやってきてね。本屋をはじめるんで、どうしても僕に書かせようってんで、どうしても帰らないんだ。とうとう、ことわりはしたがね。まあ、書いてやらんわけにはいくまいが、途中で寒気がしてきてね、からだにこうケイレンがきたんだ。よっぽど帰ってもらおうかと思ったが、そうすると大騒ぎになるから、わりに我慢したが、昨夜は早く寝たよ。もし夜中にこうなったらこうしてくれなんてって、ちゃんと手配をしてね」

「そりぁいけませんですね。お大事になさいませんと」

「ええ、ありがとう。朝起きたときからすでに頭が疲れているんだ。ハリの先生も動脈硬化がだいぶ進んでいると言ってはいたんだが。もう今朝、ハリの先生んとこへ行って、さつき帰ったところだが、心臓は何ともないんだそうだがね。そのまわりの筋肉が弱ってケイレンを起こしたんだというんだよ。喜多見の駅を降りてすぐの所なんだが、待っているのが大変でね。一時間ぐらいなんだが、今朝なんか一一人もそのあいだに来るんだからね。先生もよくしゃべるが、みんなベチャクチャ、ベチャクチャよくしゃべってるんで、本なんか読めやしないもの。ベッドが二つと長椅子が一つと、それに数えてみると椅子がなんでも一〇脚ばかりもあるんだ。先生も四人でやっているがね」

「どこへ打つんですか」

「ほうぼうへ打つんだよ。僕はおもにこの辺（後首へ手をやりながら）やこの辺（背中）だが、君たちは若いから言ってもわかるまいが、夜寝てからここの動脈がドキンドキンしてきて、とても苦しくなるんだが、あのハリで現にそれが止まるものね、腹の張ったのとか。とにかく何となく疲れるとか、神経からくるものにはいいね。かなり痛くて苦しいものではあるけれども」

「やはり若い者ではきかんでしょうか」

「朝早く出ないとね。僕は七時ごろに行くんだが、先生は八時からでないとやらんのだがね」

「このあいだ早川昇さんから、小包がまだ届かないって申してきましたが、書留の番号をしらせてやりました」

「このあいだ、君の持ってきたもの（『私家版　柳田先生著作集』上下）をすっかり見たがね。だいぶ忘れていたものがあって、おもしろかったよ。一冊には僕の歌を書き、もう一冊のほうには連歌を書いておいたよ。全部書こうかと思ったが、いいところだけぬいて書いた」

「どうもありがとうございました」

「それから、あれにはいっていないのがだいぶあるんで、このあいだの会のとき、出しておいたらだいぶ売れたよ。焼けだされた人が多いんでね――と別室の、本を入れてある小部屋へとりに行かれ――もう無いよ。これだけは別にとっておいたから持って帰りたまえ」

「先生、恋愛に関する資料というのはあんまりないようですが、何かまとまったものはございませんですか。中山太郎さんの『愛欲三千年史』ではどうも。結婚のほうは多いんですが」

「さあね。君は、僕が八雲に書いたのは読んだかね。今度『家閑談』にもうすぐ出るんだが、君が今知らないものがあるわけはないじゃないか」

「八雲とおっしゃると。私、ぜんぜん知りませんでしたが」

「そうかね。二冊あるから持って行きたまえ――と書斎の戸袋から出される。昭和一九年七月、小山書店発行。『八雲第三集』所収『家と文学』――きたないほうはないな。じゃ、これは貸すからね、返してくれたまえ。今度出しておいて汚れたほうをやろう」

「日本じゃ、恋愛とか愛するとかいう言葉のほかには、どんな言葉があったんですか。ほれるというのもありますが」

「空では覚えていないが、喜界ケ島ではシノブといい、ほれるというのは極く新しいんだよ。おもうは『古今集』なんかに出ている。ほれる以外にないなんていう馬鹿なやつがいるが、そんなわけがあるもんじゃないよ」

「今度、いつか上がりました角田君たちと『恋愛と結婚』という本を出すつもりなんです。『岩手郡誌』はお手許へ返っていましょうか」

「ああ、そこにある。梯子じゃつらいだろうから、そこの籐椅子へ乗って取りたまえ」

「これでしたね、オシラ様の出ているとおっしゃったのは」

「いい本だよ」

「静かにこの部屋で写さしていただいて、お邪魔じゃないでしょうか」

「ああ、いいよ」

先生は机で手紙の整理をなさっている。

「僕が書いたものに、ほうぼうからきた手紙がだいぶたくさんたまっているんだがね、どうしたもんだろう。捨てるには惜しいし、大きさが違うので製本するわけにはゆかんしね」

「資料がはいっているのが多いのでしょうから、それは保存なさっておいたらいかがでしようか。いちおう、とじ込みをつくって、全部写してみてはどうでしょう」

「大変だよ、それは。大なり小なりみな資料ははいっているし、『鹿々角何本』なんかたくさんきたからね。住所が書いてあるので封筒へ入れたままとってあるんだが、もう大部分罹災して番地はだめだがね」

「写しますよ、お借りしていって」

「そうだね、まあ、いま使っているものもあるし、いますぐというわけにはゆかんが、とっておいてみようかね」

「資料だけではなく、日本民俗発達史の参考にもなりましょうし」

「この、昭和九年七月の手紙なんだが、僕が『犬と言葉』というのを書いたときに、それについて言ってよこしているんだが、君は覚えているかね。僕はすっかり忘れているんだが、何へ書いたんだろうね」

「私もぜんぜん記憶はありませんが、先生が、猫や犬が人間の言葉がわかるのは、言葉というよりは目の動きをよむのだろう、と書かれておられたのを、たしか今年になってから読みましたが、あれは『ドラ猫観察記』ではありませんし」

「そうだったかね。じゃあ、それかもしれないよ。ドラ猫にはそんなことは書かないし、君も心がけてくれたまえ。目のことはね、かねがね書くつもりではいた問題なんだが」

（以下欠）

柳田先生との対話抄(その四)——昭和二一年九月五日——

九時四〇分、お宅へ訪問。奥さんがドアをあけ「ハリに行っていて一一時ごろまで帰らず、あるいはまた、涼しくなったので、もしかしたら散歩でもしますと遅くなるかもしれません」との由。きょうは九月二八日から三回、毎土曜日に靖国神社でやる日本民俗学講座のプランをもって上がったので、待たせてもらうことにして書斎に上がる。本を見ているうち一〇時を打つ。一〇時二〇分過ぎ、先生帰宅。

「新聞記事に『人肉と生肝』というのを書きたいと思っているのですが。実はこの六月だったかに、埼玉県で母親が継子を殺して、その肉を四日間にわたって家内中で食った事件があり、判決ではたしか一二年になりました。たしか木曜会だったと思いますが、伊豆半島中のどこかで骨あげのときに近親者が骨をなめるという報告があり、南方で酋長の死後、その肉を親しい者たちがたたかって分け食うとか、いろいろ材料は集めればあると思うのですが」

「ははあ、その継子の話は知らなかったね。そうかね、新聞に出ていたのはうっかりしていた。切り抜いておく必要はあるが、いま書くのはどうかね、いやな話だから」

「そうでなくても血なまぐさいときに、そういえばその通りですね」

「伊豆の話は間違いじゃないか。記憶にはないよ。沖縄のね、いろいろなそういう例は伊波君なんかもしきりに言ってはいるし、中国のことも読んだりしたものの記憶は少しはあるが、いやだね」

「では、書くのはやめることにします。きょうは講座のプランを見ていただくつもりで上がったのですが、こんなふうに牧田君と相談してきめたのですが。一昨日橋浦さんに、昨日大藤さんに会ってきめました。先生の題は、何としましょうか。もし何でもよろしければ〝国語問題〟をお頼みしようということだったのです」

「〝疑問から出発する〟という題にしてくれたまえ。あるいは〝現代科学ということ〟という題でもよい。同じことだから。〝ことばの問題〟は池田さんの〝食習の変革〟を話すとき〝ことば〟を中心にしてやってもらったらいいだろう。それから、これは僕から言っていたといって皆に伝えてくれたまえ。いきなりその場へ来て思いつきをしゃべらないで、必ず手控えを作ってきて話すようにって。空《そら》で話すと、どうしても今まで書いたものをあちこちやったり、そのときの思いつきでやってしまうんだ。丸ビルの講座を途中でやめてしまったのは、実はあのとき、二、三人の人が手控えなしでやりだしたので、僕はいやになってしまったんだよ。

これでいいですから、やってください」

「このあいだ、橋浦さんの家で六人社の戸田さんといっしょになりまして、そのときの話で、『民俗学手引き』のような本を書いてくれということでした。勉強にもなることですし、いちおう書いてみようかと思っていますが」

「いろいろな入門書が出るといいね。五つとか一〇とかの質問をつくってみてね。各課別に筋をたてて、一課ずつ書いてみたら、これは売れると思うがね。やってみたまえ。僕の本はね、今月中に一度に三冊も出るよ。どれをやろうかね。『家閑談』と『口承文芸大意』と、それに『語り物と物語』の三冊で、もっとも『家閑談』は目下検閲中だから少し遅れるかもしれないが。一〇〇冊ずつ特製本をつくったんでね、講座の世話人に一冊ずつやろう。それじゃ、君には『口承文芸大意』をあげよう。どうもこのごろは、やたらに雑誌や新聞を送ってくるので、読むのに半分も時間をとられてしまう。このタバコは、君にあげようと思って早くからとっておいたんだ。持ってってくれたまえ。あの朝早くタバコを持って来てくれたお礼だよ」

と、御前講義のとき頂戴した恩賜タバコ五本入一箱をもらう。帰りかけると、先生「これを君、食って帰りたまえ」と言われる。リンゴとイチジクを食い残して帰りかけたので。先生の庭のイチジクであった。

一一時辞す。『北越雪譜』（二〇円）、『町の民俗』（八円）を買い、駅で穂積君に会う。

本書は一九八三年に秋山書店より刊行されました『柳田國男随行記』を改題の上、復刊したものです。本文中、今日からみれば不適切と思われる表現がありますが、書かれた時代背景と作品価値とを鑑み、原則そのままとしました。ただし、明らかな誤りと思われるものなど、本文の意味を損なわない範囲で、最小限で表記をあらためた箇所があります。

今野圓輔

本名・圓助。一九一四年八月一〇日、福島県相馬郡八幡村生まれ。慶應義塾大学に入学し佐藤信彦、折口信夫らの講義を受けた。在学中に柳田國男らの「民間伝承の会」に入り民俗学を学ぶ。一九四二年に毎日新聞社に入社、新聞記者のかたわら日本民俗学会評議員などを歴任した。一九八二年逝去。著書に『日本迷信集』『日本怪談集 幽霊篇』『日本怪談集 妖怪篇』『現代の迷信』『馬娘婚姻譚』など。

柳《やなぎ》田《た》國《くに》男《お》先《せん》生《せい》随《ずい》行《こう》記《き》

二〇二二年三月二〇日 初版印刷
二〇二二年三月三〇日 初版発行

著　者　今野《こんの》圓輔《えんすけ》
発行者　小野寺優
発行所　株式会社河出書房新社
〒一五一-〇〇五一
東京都渋谷区千駄ヶ谷二-三二-二
電話　〇三-三四〇四-一二〇一［営業］
〇三-三四〇四-八六一一［編集］
https://www.kawade.co.jp/

装　画　丹野杏香
装　幀　木庭貴信＋角倉織音（オクターヴ）
組　版　株式会社創都
印　刷　モリモト印刷株式会社
製　本　大口製本印刷株式会社

Printed in Japan　ISBN978-4-309-03031-9